TALAf 2014: Traitement Automatique des Langues Africaines

(TALAf 2014: African Language Processing)

TALN-RECITAL 2014 Workshop

Marseille, France
1 July 2014

ISBN: 978-1-63439-519-9

Printed from e-media with permission by:

Curran Associates, Inc.
57 Morehouse Lane
Red Hook, NY 12571

Some format issues inherent in the e-media version may also appear in this print version.

Printed by Curran Associates, Inc. (2014)

For permission requests, please contact the Association for Computational Linguistics at the address below.

Association for Computational Linguistics
209 N. Eighth Street
Stroudsburg, Pennsylvania 18360

Phone: 1-570-476-8006
Fax: 1-570-476-0860

acl@aclweb.org

Additional copies of this publication are available from:

Curran Associates, Inc.
57 Morehouse Lane
Red Hook, NY 12571 USA
Phone: 845-758-0400
Fax: 845-758-2634
Email: curran@proceedings.com
Web: www.proceedings.com

TABLE OF CONTENTS

Actes de l'atelier sur le traitement automatique des langues africaines TALAf 2014

Mathieu Mangeot[1], Fatiha Sadat[2]
(1) GETALP-LIG, 41 rue des mathématiques, 38041 Grenoble Cedex 9
(2) UQÀM, 201 av du Président Kennedy, Montreal, QC, Canada
Mathieu.Mangeot@imag.fr, Sadat.Fatiha@uqam.ca

Préface

1 Motivations et objectifs

Dans la suite du premier atelier TALAf qui s'est tenu le 8 juin 2012 à Grenoble, lors de la conférence JEP-TALN-RECITAL 2012 (voir les actes : http://aclweb.org/anthology//W/W12/#1300), nous proposons une nouvelle édition de cet atelier lors de la conférence TALN 2014 le premier juillet à Marseille. Nous accueillons les travaux menés sur toutes les langues peu dotées d'Afrique y compris l'arabe dialectal de l'Afrique du nord (maghrébin).

Les recherches en traitement automatique des langues africaines sont actuellement à l'orée de développements majeurs. Les efforts de reconnaissance des langues nationales et de standardisation des différents alphabets commencent à porter leurs fruits. Au Niger, par exemple, les alphabets des langues fulfulde, haussa, kanouri, songhai-zarma et tamajaq ont été définis par des arrêtés du gouvernement en 1999. Par ailleurs, un certain nombre de collègues formés dans les pays du Nord reviennent dans leur pays avec la volonté de continuer leur travail sur les langues locales. Il y a également des diasporas disposant de moyens technologiques leur permettant de contribuer directement en ligne et de manière bénévole.

Pour autant, les langues nationales de la plupart des pays d'Afrique sont peu dotées (langues-π) : les ressources électroniques disponibles sont rares, mal distribuées, voire inexistantes. Seules sont accessibles les fonctions d'édition et d'impression rendant l'exploitation de ces langues difficile. Au moment où il est question de les introduire dans le système éducatif, de créer des normes d'écriture standardisées et stabilisées et surtout de développer leur usage à l'écrit et à l'oral dans l'administration et la vie quotidienne, un développement de ces langues s'impose comme une nécessité vitale.

Développer le traitement automatique de langues africaines nécessite l'élaboration de ressources qui seront les fondements à partir desquels des traitements plus élaborés peuvent être construits. Il apparaît indispensable de constituer en premier lieu des corpus écrits et oraux annotés aussi larges que possibles. À partir de tels corpus, il est possible d'extraire des exemples pour aider à la constitution de dictionnaires ou de mettre au point des modèles de langage pour la reconnaissance vocale. Toutefois, la constitution de tels corpus reste une entreprise délicate dans le contexte de langues peu dotée car les transcriptions souffrent du manque de standardisation de la langue et l'enrichissement de corpus reste très onéreux.

Le développement d'applications à base de traitement de l'oral peut être considéré comme prioritaire dans des régions de tradition orale. De plus, l'usage de téléphones mobiles, très répandu, permet d'imaginer un déploiement rapide de ces applications.

Les dictionnaires sont également nécessaires pour construire les outils de base tels les correcteurs orthographiques (qui peuvent servir à leur tour pour corriger les corpus écrits) ou encore pour l'aide à la transcription de corpus oraux. Il existe parfois des dictionnaires bilingues couplant la langue officielle et une langue nationale. Par exemple, au Mali, le père Charles Bailleul est l'auteur d'un dictionnaire bambara-français ; au Niger, le projet éducatif SOUTÉBA a créé cinq dictionnaires bilingues destinés aux enfants de primaire. Mais ceux-ci existent uniquement en version papier ou sous forme de fichiers d'éditeurs de texte (format.doc). Informatiser ces dictionnaires pour les rendre utilisables par des outils de traitement automatique nécessite, dans un premier temps, d'ajouter des informations manquantes : prononciation, règles de flexion morphologiques et flexionnelles, exemples et traductions tirés de corpus, etc.Il s'agit dans un premier temps de les informatiser (les transformer dans un format utilisable par des outils de traitement automatique) et de les compléter avec des informations manquantes : prononciation, exemples et traductions tirés de corpus, etc. Des astuces peuvent parfois être inventées pour pallier le manque de ressources. Par exemple, s'il n'existe pas de corpus oraux avec transcriptions, il est possible de constituer un corpus oral de textes lus.

Enfin, il y a lieu de prendre en compte les contraintes socio-économiques s'exerçant sur la population des locuteurs : les ressources économiques sont limitées, les ressources humaines qualifiées sont rares, les recherches sont sporadiques et isolées, les résultats confidentiels et parcellaires. Il est donc nécessaire de définir des méthodologies économes en coût d'achat de logiciels et en temps de travail qualifié visant à produire des résultats pérennes, partagés et faciles à enrichir. La constitution de ressources linguistiques de manière générale, et plus encore pour les langues africaines devrait donc respecter un certain nombre de principes : utilisation d'outils en source ouverte, définition et utilisation de standards (ISO, Unicode), transfert de connaissances entre les collègues des pays du Nord et du Sud, disponibilité des ressources sous licence ouverte (Creative Commons), etc.

Cet atelier a pour but d'effectuer un état des lieux des travaux de constitution de ressources linguistiques de base (dictionnaires, corpus oraux et écrits), de mettre au point des méthodologies simples et économes d'élaboration de ressource, d'échanger sur les techniques permettant de se passer de certaines ressources inexistantes et de fixer un certain nombre de principes pour les futurs travaux dans le domaine.

Les ateliers TALAf sont soutenus par l'association LTT (Lexicologie Terminologie Traduction).

2 Présentation des articles

L'atelier a reçu treize soumissions. Onze articles ont été rédigés en français et deux en anglais. Pour mémoire, l'atelier TALAf avait reçu 12 soumissions.

Parmi ces articles, six ont été acceptés en première lecture, et quatre acceptés après révision. Tous les articles portent sur l'écrit, ce qui s'explique par le thème de la conférence principale TALN.

La diversité linguistique est présente puisque huit langues figurent dans les articles acceptés : amazighe (kabyle), bambara, maninka, haoussa, ikota, mwan, yambetta, wolof.

La plupart des travaux portent sur le bambara (3) et le wolof (2).

Les auteurs se répartissent entre cinq pays : Cameroun (2), France (6), Niger (2), Russie (2), Sénégal (3)

Les articles acceptés se regroupent autour de trois thèmes principaux :

2.1 Corpus

- Valentin Vydrin : *Projet des corpus écrits des langues manding : le bambara, le maninka.*

Cet article traite d'un projet de construction de corpus écrits pour le bambara et le maninka. Dans le futur, il est envisagé une extension à l'oral. Ces langues sont parlées majoritairement au Mali, Guinée, Sénégal, Côte_d'Ivoire et Burkina_Faso.

- Kirill Maslinsky : *Daba: a model and tools for Manding corpora.*

Cet article, rédigé en anglais, traite du même projet que l'article précédent et l'aborde sous l'angle des outils utilisés.

- Mahfoud Mahtout : *Méthodologie pour la structuration semi-automatique du corpus dans une perspective de traitement automatique des langues : le cas du dictionnaire français-kabyle.*

Cet article traite de l'élaboration d'un dictionnaire français-kabyle. Le kabyle, est une langue berbère parlée principalement en Kabylie, région d'Algérie. Le nombre de locuteurs est évalué entre 5 et 6 millions.

2.2 Morphologie et orthographe

- Brunelle Magnana Ekoukou : *PFM : pour une implémentation de la morphologie de l'ikota dans XMG.*

Dans cet article, le formalisme XMG (eXtensible MetaGrammar) est utilisé pour décrire les variations morphologiques de l'ikota, langue bantoue parlé au Gabon. Le nombre de locuteurs natifs est évalué à 43 000.

- Jean-Jacques Méric : *Un vérificateur orthographique pour la langue bambara.*

Le bambara est parlé majoritairement au Mali. Le nombre de locuteur varie entre 10 et 13 millions selon les estimations.

- Lawaly Salifou & Harouna Naroua : *Étude et conception d'un correcteur orthographique pour la langue haoussa.*

Cet article traite de la conception d'un correcteur orthographique programmé en Java selon des technique standard pour la langue haoussa. Le haoussa est parlé principalement au Niger, au Nigeria et au Tchad. nombre de locuteurs est évalué entre 40 et 50 millions.

2.3 Lexique

- Manifi Abouh Maxime, Yves Julien & Sadembouo Etienne : *De la dénomination des concepts techniques dans l'élaboration d'un lexique thématique agricole bilingue français-yambetta.*

Le Yambetta, parlé au sud-ouest du Cameroun est considéré comme une langue en danger. Le nombre de locuteurs, évalué à 3 000 dans les années 80, ne cesse de baisser.

- Mouhamadou Khoule, El Hadji Mamadou Nguer & Mouhamaad Ndiankho Thiam : *Vers la mise en place d'un lexique basé sur LMF pour la langue Wolof.*

LMF : Lexical Markup Framework est un standard ISO pour la représentation de lexiques. Le Wolof, parlé principalement au Sénégal, est la langue véhiculaire de ce pays. Le nombre de locuteurs est évalué à environ 11 millions.

- Elena Perekhvalskaya : *The Mwan language: dictionary and corpus of texts.*

Cet article, rédigé en anglais, décrit la construction de ressources écrite pour le monan (Mwan en anglais). Cette langue mandée est parlée en Côte d'Ivoire. Le nombre de locuteurs est estimé à 17 000.

- Abibatou Diagne : *De quelques problèmes de traduction des adjectifs relationnels du français vers le wolof : étude sur corpus de terminologie commerciale.*

Cet article traite également de la langue wolof, parlée essentiellement au Sénégal.

3 Comité de programme

Laurent Besacier (LIG, Grenoble, France)

Philippe Bretier (Voxygen, Pleumeur-Bodou, France)

Khalid Choukri (ELDA, Paris, France)

Mame Thierno Cissé (ARCIV, Université Cheikh Anta Diop, Dakar, Sénégal)

Denys Duchier (Université d'Orléans, Orléans, France)

Chantal Enguehard (LINA, Nantes, France)

Gil Francopoulo (Tagmatica, Paris, France)

Mathieu Mangeot (LIG, Grenoble, France)

Chérif Mbodj, (Centre de Linguistique Appliquée de Dakar, Sénégal)

Kamal Naït-Zerrad (INALCO, Paris, France)

Pascal Nocera, (Université d'Avignon, France)

Francois Pellegrino, (DDL, Lyon, France)

Fatiha Sadat (UQAM, Montréal, Canada)

Mamadou Lamine Sanogo (INSS, Ouagadougou, Burkina-Faso)

Emmanuel Schang (Université d'Orléans, Orléans, France)

Gilles Sérasset (LIG, Grenoble, France)

Valentin Vydrin (LLACAN-INALCO, Paris, France)

4 Conclusion

Cette deuxième édition montre l'intérêt d'un atelier francophone sur le traitement automatique des langues africaines. Le TAL en Afrique est en train de prendre son essor. Les travaux restent encore éparpillés mais cet atelier et de la liste de discussion par courriel talaf@imag.fr permet de construire et de structurer la communauté qui se met en place actuellement. Les savoirs et savoirs-faire doivent également être capitalisés pour resservir pour d'autres langues et d'autres contextes.

Le prochain atelier TALAf est prévu pour 2016, conjointement avec la conférence JEP-TALN-RÉCITAL. Ce sera certainement l'occasion de recueillir des soumissions portant sur l'oral.

Projet des corpus écrits des langues manding : le bambara, le maninka[1]

Valentin Vydrin
LLACAN, CNRS UMR-8135, 7 rue Guy Môquet - BP 8, 94801 Villejuif Cedex
INALCO, 65 rue des Grands Moulins, CS21351, 75214-PARIS cedex 13
vydrine@gmail.com

Résumé. Le projet des corpus électroniques de textes en langues mandingues a démarré à St. Petersbourg en 2009. Aujourd'hui, il est effectué par une équipe internationale avec l'implication des spécialistes en langues manding des pays différents. L'outillage tenant compte des caractéristiques spécifiques des langues manding (mais adaptable aux autres langues) a été développé. Le Corpus Bambara de Référence est mis en ligne en 2012, suivi par un corpus maninka (en écriture N'ko et latine) en février 2014. Un correcteur automatique d'orthographe bambara et un logiciel du ROC pour le bambara a été développé sur la base de l'outillage du CBR. L'utilisation expérimentale du CBR dans l'enseignement universitaire du bambara et dans les études linguistiques a montré son efficacité. L'expérience accumulée peut être facilement étendue sur les autres variétés manding (le dioula de RCI, le dioula de Burkina Faso), mais aussi sur d'autres langues africaines.

Abstract. The project of electronic corpora for Manding languages was launched in St. Petersburg in 2009. By now, it is carried out by an international team with an assistance by specialists in Manding languages from different countries. Tools have been developed taking into account the specifics of Manding languages (and adaptable to other languages). The Bamana Reference Corpus was put on line in 2012, it was followed by a Maninka corpus (in both Roman and N'ko writing) in February 2014. An orthography corrector for Bamana and a software for the Bamana OCR has been developed on the basis of the Bamana Reference Corpus tools. An experimental use of the Bamana Corpus in the Bamana teaching in universities and in linguistic studies has proved its effectiveness. The experience accumulated in the framework of this project can be relatively easily extended to other Manding varieties (Jula of Côte d'Ivoire, Jula of Burkina Faso), and, if necessary, to other African languages.

Mots-clés. Corpus Bambara de Référence, Bambara, Manding, Maninka, Malinké

Keywords. Bambara Reference Corpus, Bambara, Bamanankan, Manding, Maninka, Malinké

[1] Ce travail a bénéficié d'une aide de l'Etat gérée par l'Agence Nationale de la Recherche au titre du programme Investissements d'Avenir portant la référence ANR-10-LABX-0083

1. Introduction

Le travail sur le Corpus Bambara de Référence (CBR) a démarré à St. Petersbourg en 2009 par un groupe de trois linguistes russes, spécialistes en langues mandé, assistés par un linguiste et informaticien Kirill Maslinsky. Actuellement, il s'agit d'une équipe internationale semi-formelle des linguistes et informaticiens russes, français, ukrainiens, avec une participation active des collègues africains. Les résultats du travail de notre équipe est un Corpus Bambara de Référence et un Corpus Maninka de Référence disponibles en ligne (libre accès), et certains autres outils créés sur la base de ces corpus. (Dans les deux cas, il s'agit des corpus des textes écrits.)

Dans cette communication, je présenterai brièvement les deux corpus et l'outillage développé dans le cadre de notre projet. Je traiterai surtout des aspects linguistiques de notre travail (les détails techniques seront présentés dans la communication de Kirill Maslinsky).

Avant de présenter les résultats de travail de notre équipe, il faut mentionner quelques particularités des langues manding s'avérant pertinentes pour ce travail.

Les langues manding sont isolantes, ayant très peu de morphologie flexionnelle. D'un part, cela facilite le développement d'un analyseur automatique morphologique, d'autre, cela le rend peu puissant. La forme du mot fournit très peu d'information sur son appartenance aux classes de lexèmes (annotation POS), ce qui est aggravé par une conversion très fréquente dans les langues manding.

Ces langues sont tonales (deux tons unis ; un morphème grammatical tonal, l'article), mais dans les publications dans ces langues, les tons ne sont presque jamais notés (sauf dans les publications académiques fait par linguistes).

Le résultat en est qu'une analyse automatique des textes mandingues s'appuyant sur une base lexicale (un dictionnaire électronique) et un analyseur morphologique produit une homonymie très élevée : moyennement, environ 70% de tous les mots d'un texte ont deux variantes d'analyse ou plus (ce qu'on peut comparer avec environ 30% pour une langue comme le russe).

2. Le logiciel

Il s'est avéré que les logiciels disponibles pour l'étiquetage automatique des textes sont difficilement adaptables aux langues manding se caractérisant de la quasi-absence de la morphologie flexionnelle. Un paquet de programmes « Daba » a été développé par Kirill Maslinsky sur le plateforme Python ; ces logiciels sont constamment améliorés en tenant compte du feed-back. Le paquet comporte les logiciels suivants :

- des convertisseurs orthographiques : l'ancienne orthographe bambara vers la nouvelle orthographe ; l'orthographe tonale de Charles Bailleul vers l'orthographe tonalisée standardisée ; plus tard, Andrij Rovenchak (Lviv, Ukraine) a élaboré le convertisseur de l'écriture N'ko en orthographe standard latine tonalisé pour le maninka, et ce convertisseur a été intégré dans le Daba ;
- un analyseur morphologique sur la base d'un dictionnaire bambara et tenant compte des règles combinatoires des morphèmes flexionnels et dérivationnels. Cet analyseur produit un texte bambara annoté (POS, les lemmes, les gloses françaises). Tout récemment, cet analyseur a été adapté à la langue maninka, ce qui montre sa flexibilité ;
- une interface graphique pour l'introduction des métadonnées (le modèle basé sur les recommandations de l'EAGLES (Sinclair Ball 1996)
- une interface graphique pour la désambiguïsation semi-automatique des textes annotés automatiquement.

3. Dictionnaires

Le dictionnaire électronique bambara-français Bamadaba a été développée dans le cadre du projet sur la base du dictionnaire de Charles Bailleul (2007), qui a été sérieusement réarrangé et uniformisé : des nombreux doublets ont été éliminés, la présentation des variantes phonétiques a été standardisée, les étiquettes POS homogénisées, les mots composés et dérivés ont été dotés des renvois aux composantes. La partie la plus difficile de ce travail a concerné la présentation des équivalents français : il fallait clairement distinguer entre les équivalents et les définitions (ce qui n'a pas été souvent le cas originellement) ; choisir un seul équivalent (parmi tous les équivalents qu'on attribue à un lexème polysémique) qui pourrait servir d'une glose ; créer des gloses pour des lexèmes sans équivalents ; standardiser la présentation de la polysémie ; faire la liste des gloses standards pour les mots et morphèmes auxiliaires.

Depuis sa création en 2010, la base lexicale électronique Bamadaba est en évolution permanente : au cours du travail de désambiguïsation, des nouveaux lexèmes sont rajoutés (le Bamadaba comporte maintenant environ 5% plus d'entrées que dans la première version), des erreurs sont corrigés, des équivalents peu convenables sont remplacés par d'autres, etc. Le perfectionnement du Bamadaba se passe en consultation permanente, par le moyen d'une liste de discussion, avec les meilleurs spécialistes en langues mandingues (Charles Bailleul, Gérard Dumestre, Denis Creissels, Kalilou Téra, Aby Sangaré, Boubacar Diarra participent dans cette discussion régulièrement, et d'autres le font épisodiquement). D'autres dictionnaires bambara, surtout (Dumestre 2011) et (Vydrine 1999), sont largement utilisés comme des sources d'enrichissement du Bamadaba. Dès janvier 2014, le Bamadaba est affiché (sous format Lexique-Pro) sur le site du Corpus Bambara de Référence ; il est prévu que ses versions mises à jour y seront publiées régulièrement.

En janvier 2014, un premier pas a été fait vers le développement d'un dictionnaire électronique du maninka guinéen, « Malidaba », où touts les mots sont présentées en caractères latins et en N'ko. Comme aucun dictionnaire maninka-français n'est disponible, nous avons décidé de le développer à partir d'une concordance des mots-formes d'un corpus des textes maninka comportant environ 2 millions de mots (à ce sujet, cf. ci-dessous). Cette concordance a été rangée dans l'ordre décroissant des fréquences, ce qui nous permet de doter des équivalents d'abord les mots les plus fréquents de la langue. Ainsi, la création d'un dictionnaire maninka sera véritablement « corpus-driven ». Une participation active des linguistes guinéens et des activistes du mouvement du N'ko dans ce projet est prévue, l'obstacle principal étant la faible connexion à l'Internet en Guinée.

4. Développement des corpus

Les premières versions du logiciel Daba ont été testées sur le corpus électronique de textes bambara de 102 000 mots très gentiment mis en notre disposition par Gérard Dumestre. Au moment où la première version du Corpus Bambara de Référence a été mise en ligne en avril 2012, elle comportait environ 1 000 000 mots, dont 20 000 dans les textes désambiguïsés. En avril 2014, le volume du Corpus a atteint presque 1 681 000 mots, dont presque 229 000 dans le sous-corpus désambiguïsé. Nous faisons un effort pour que le Corpus représente les genres principaux du bambara écrit : journaux en bambara, belles-lettres (la prose et la poésie), littérature orale (épopées, contes populaires, devinettes…), livres d'alphabétisation fonctionnelle, documents juridiques et politiques, textes religieux… D'autre part, nous cherchons à équilibrer le Corpus du point de vue diachronique.

Un grand obstacle dans ce travail est une très faible présence du bambara dans l'Internet, ce qui ne nous laisse pas d'accès à des grands massifs des textes numérisés. Certes, une partie du Corpus consiste en textes qu'on nous a fournis sous format électronique (la traduction de l'Ancien Testament ; les numéros du mensuel Jɛkabaara des derniers années ; des collections de textes de Gérard Dumestre et de Charles Bailleul), mais actuellement la croissance du Corpus continue surtout par la numérisation manuelle des textes disponibles sur le papier.

Jusqu'ici, la numérisation est effectuée par une double saisie manuelle (par deux personnes différentes ne maîtrisant pas le bambara), suivie par le collationnement des deux versions (de préférence, par une personne maîtrisant le bambara). Cela nous permet d'atteindre une identité parfaite du texte numérisé avec l'original. Ensuite, le coordinateur du projet introduit les méta-données, il fait passer le texte par l'analyseur automatique et le met dans le Corpus. Certains textes sont envoyés aux opérateurs de désambiguïsation (maîtrisant bien le bambara).

En mars 2014, un logiciel pour l'OCR a été adapté au bambara par Jean Jacques Méric. Nous espérons qu'à l'avenir, nous pourrons passer à une procédure mixte : on comparera une version de chaque texte saisi manuellement avec le même texte OCRisé, ce qui permettra d'accélérer la croissance du volume du Corpus et de rendre ce processus moins coûteux.

Pour le maninka de Guinée, nous avons une situation tout différente. Grâce au dynamisme du mouvement culturel N'ko, un grand nombre de textes (pratiquement tous, en graphie N'ko) sont disponibles sous format électronique, le plus souvent sous format PDF convertis du Word, et parfois sous format Word. Nous avons téléchargé un grand nombre des textes de l'Internet (surtout les périodiques), et un massif important de textes nous a été fourni par Ibrahima Sory 2 Condé, le Secrétaire Scientifique de l'Académie N'ko (*Ńko Dúnbu*). En février 2014, un corpus maninka « semi-annoté » de 3 millions mots a été mis en ligne. Dans le Corpus Maninka, les textes sont accessibles en versions N'ko et latine, mais ils ne sont pas encore dotés de méta-données, et une partie des mots seulement (surtout les mots grammaticaux et les plus fréquents) sont annotés.

5. Le site du Corpus Bambara de Référence

Le Corpus Bambara de Référence a été mis en ligne en avril 2012, cf. http://cormand.tge-adonis.fr/. Pour le moteur de recherche, le NoSketchEngine a été choisi. Ce logiciel permet une recherche par la forme du mot dans le texte original, par sa lemme, par la glose, par le POS; on peut combiner des paramètres de recherche. Une recherche dans le corpus entier ou dans le sous-corpus désambiguïsé est prévue, on peut chercher en tenant compte des tons ou en les ignorant.

On trouve sur le site du Corpus Bambara de Référence des informations nécessaires pour l'utilisateus : un guide d'utilisation du Corpus ; des listes des gloses standards des affixes et des mots auxiliaires ; les principes de la notation tonale dans le Corpus ; la liste des documents inclus dans le Corpus (séparément pour les sous-corpus désambiguïsé et non-désambiguïsé). Sur le même site nous avons mis le dictionnaire électronique Bamadaba sous format Lexique-Pro.

Le Corpus est en accès libre (apparemment, de nos jours, c'est le seul grand corpus d'une langue de l'Afrique au sud de Sahara librement accessible). Les mises à jour du Corpus Bambara de Référence et du dictionnaire Bamadaba se font normalement tous les trois mois.

Au moment où j'écris ce texte, le Corpus maninka n'est pas encore doté de l'outillage comparable à celui du Corpus Bambara. Il est affiché sur le site mandelang.org ; en attendant, nous ne faisons pas encore de la publicité de ce corpus, mais en principe, on peut l'utiliser (et on l'utilise déjà) dans les recherches.

6. L'utilisation du Corpus Bambara de Référence

6.1. Les corpus mandingues dans l'enseignement et la recherche

Depuis sa publication en ligne en 2012, le Corpus Bambara de Référence est de plus en plus utilisé dans l'enseignement du bambara à l'INALCO et à l'Université d'État de St. Petersbourg.[2] Cela se fait de façons suivantes :

- sélection (par l'enseignant) d'exemples illustratifs naturels pour les exercices de grammaire ;
- recherche dans le Corpus et l'analyse des occurrences des phénomènes grammaticaux étudiés dans le cadre du cours de grammaire bambara par les étudiants ;
- études individuelles par les étudiants sur les sujets ponctuels suggérés par l'enseignant. Ainsi, en 2013/2014, les étudiants de l'INALCO du niveau L2 ont fait des recherches sur la polysémie de certains verbes bambara (ce qui peut être vu comme une première ébauche d'un futur projet d'un dictionnaire « corpus-driven » du bambara) ;
- désambiguïsation des textes bambara par les étudiants. Ce travail s'avère un exercice excellent permettant aux étudiants d'atteindre très rapidement un niveau élevé de maîtrise de morphosyntaxe bambara.

Les premières tentatives des études grammaticales du Corpus Bambara de Référence (sur les adverbes préverbaux ; sur l'infinitif) ont confirmé le fait qu'il s'agit d'un outil très puissant permettant d'élever le niveau d'études linguistiques très considérablement. On peut pronostiquer que dans peu de temps, aucune étude sur la grammaire bambara faite sans recours au Corpus Bambara de Référence (ou un corpus bambara alternatif, si quelqu'un le développe) ne serait plus acceptable.

Le peu de temps passé depuis le lancement du Corpus Maninka (février 2014) ne nous permet pas encore d'évaluer son impact. Cependant, en tenant compte de l'attitude très active des membres du mouvement culturel N'ko et leur avidité des innovations techniques portant sur la langue maninka et l'écriture N'ko, on peut prédire que ce corpus sera en haute demande.

6.2. Des outils développés sur la base du Corpus Bambara de Référence

Le lancement du projet du Corpus Bambara de Référence a permis de développer assez facilement, sur la base de son outillage, de quelques applications pratiques :

- un correcteur automatique de l'orthographe bambara pour le Libre Office (et quelques autres logiciels). La première version a été développée par Andrij Rovenchak, sur la base du Bamadaba et de la présentation formalisée de la grammaire bambara du Corpus Bambara de Référence. Le développement de ce logiciel a été continué par Jean Jacques Méric (qui présentera ses résultats dans sa communication, ce qui me délivre de l'obligation d'en parler en détail) ;
- un logiciel pour le ROC des textes bambara (avec un correcteur automatique d'orthographe), développé par le même Jean Jacques Méric.

Des premières tentatives par J. J. Méric du développement des outils analogues pour le maninka en écriture N'ko ont donné des résultats globalement positifs.

7. Perspectives

Le travail de développement du Corpus Bambara de Référence est en cours. Dans la perspective la plus proche, il est prévu d'y inclure une sélection des numéros des périodiques en bambara, *Kibaru* et *Jɛkabaara,* couvrant toutes les périodes de leur existence (au moins un numéro par an), mais aussi des périodiques plus éphémères (*Kɔlɔnkisɛ, Saheli, Kalamɛnɛ, Ɲɛtaa, Jama*) ; la traduction bambara du Quran. Très prochainement, le volume du CBR doit dépasser 2 millions de mots. Au même temps, on travaille constamment sur le nettoyage du CBR et le perfectionnement de son outillage.

Au moment donné, nous avons une sélection suffisante pour démarrer un corpus parallèle bambara-français. Des recherches dans cette direction ont été effectuées par Andrij Rovenchak et Solomija Buk (2013). Ce corpus parallèle peut être lancé avec relativement peu d'efforts, une fois que nous trouvons du financement.

---

[2] Je n'ai pas d'information précise concernant son utilisation dans d'autres universités européennes, américaines et africaines où le bambara est enseigné.

Un corpus oral bambara est un autre objectif important. Pour le moment, les forces humaines et surtout le financement nous manquent pour nous lancer dans ce projet, tandis que les méthodes de sa création, les logiciels nécessaires et les enregistrements audio sont disponibles.

Le Corpus Maninka est à son stade initial, et beaucoup d'efforts doivent être appliqués pour l'amener au niveau d'élaboration comparable avec celui du CBR. Cependant, nos partenaires guinéens de l'Académie N'ko se disent prêts à participer activement dans le travail de désambiguïsation et développement du dictionnaire électronique, ce qui nous donne beaucoup d'espoir.

Il y a une bonne perspective pour un corpus dioula de Côte d'Ivoire. Actuellement, deux collègues ivoiriens, Kalilou Téra et Aby Sangaré, travaillent activement sur un dictionnaire dioula-français (avec un support logistique de notre équipe), et ce dictionnaire (sous format Toolbox) est déjà à un stade avancé. On peut passer assez facilement au lancement d'un corpus, en utilisant l'outillage de CBR. Un grand obstacle représente le petit volume de textes disponibles en dioula de Côte d'Ivoire.

On pourrait développer un corpus du dioula du Burkina Faso ; pour cela, nous comptons à une coopération avec les linguistes burkinabé.

Références

BAILLEUL, CH. (2007) *Dictionnaire Bambara-Français.* 3e édition corrigée. Bamako : Donniya.

DUMESTRE G. (2011). Dictionnaire bambara-français suivi d'un index abrégé français-bambara. Paris : Karthala

ROVENCHAK A., BUK S. (2013). Masadennin (The Little Prince in Bamana): Experimental online concordance with parallel French and English texts. *Mandenkan* 50, 117-130.

VYDRINE V. (1999). Manding-English Dictionary (Maninka, Bamana). Vol. 1. St. Petersburg: Dimitry Bulanin Publishing House.

Daba: a model and tools for Manding corpora

Kirill Maslinsky
National Research University Higher School of Economics,
16 Soyuza Pechatnikov st., 190121 St.-Petersburg, Russia
kmaslinsky@hse.ru

Résumé. L'article traite du paquet des logiciels « Daba » créé dans le cadre du projet du développement des corpus pour les langues manding. Les particularités de ces langues ont motivé le développement des traits caractéristiques de ce logiciel. Le modèle de création du corpus a été, avant tout, testé sur le Corpus Bambara de Référence disponible en ligne en accès libre. La procédure de l'analyse morphologique et le schéma de l'étiquettage sont présentés en détail. Le Daba utilise le schéma de l'annotation morphologique inspiré par le glosage interlinéaire des exemples linguistiques. Une projection du modèle de présentation de l'information morphologique (sur la base du morphème) sur l'annotation traditionnelle de l'étiquettage (sur la base du mot) est prévue. Compte tenu du peu de standardisation de la forme écrite du bambara, le problème de la variabilité et sa présentation dans le corpus reçoivent une attention particulière.

Abstract. This article provides a brief overview of Daba software package created in the course of building corpora for Manding languages. Key software features are motivated by the tasks and problems characteristic of many African languages. The corpus-building model proposed here was initially developed for Bambara Reference Corpus which is available online and is freely accessible. The morphological analysis procedure and corpus annotation scheme are discussed in detail. Daba uses a morpheme-based morphological annotation scheme inspired by the interlinear glossed form of presentation of linguistic examples. A scheme mapping Daba's morpheme-based morphological information onto traditional word-based corpus annotation is provided. Since Bambara is characterized by a low level of written language standardization special attention is paid to the issues of representing variability in corpus annotation.

Mots-clés : TALN, analyseur morphologique, langues manding, bambara, annotation du corpus.

Keywords: NLP, morphological analyzer, Manding languages, Bambara, corpus annotation.

1 Introduction

In this article I discuss the design of corpora for Manding languages and describe the implementation of software tools developed for this purpose. Corpus building model proposed here was initially developed for the Bambara Reference Corpus (Vydrin, 2013), first published online in 2012[1]. Since then, the model has proved its usefulness in building a corpus of Guinean Maninka, a language closely related to Bambara. In addition, the model and tools are being tested in application to corpora of other minority languages not related to Manding, in particular to the Udihe language of the Tungusic family spoken in the Russian Far East. The Daba software suite is the core of this corpus solution.

Though corpus building is currently a well-established practice worldwide, it comes in many flavours. There may be numerous sources of diversity of corpora but I want to concentrate on those that shaped the corpus model proposed by the Bambara corpus working group and motivated the development of its software. The reasons lie partly in the sociolinguistic situation which characterizes patterns of language use and available linguistic resources, and partly in technical matters and available human resources.

Compared to most languages of Sub-Saharan Africa, linguistic resources available to the working group at the start of the project were good. A Bambara-French dictionary of over 10000 entries was kindly provided by Charles Bailleul in electronic form, and comprehensive dictionaries by Gerard Dumestre and Valentin Vydrin were also available (Bailleul, 2007; Dumestre, 2011; Vydrine, 1999). There's a long-standing tradition of linguistic research and teaching of Bambara

[1] The Bambara Reference Corpus is accessible at http://cormand.tge-adonis.fr/

in European and North American universities, and there are a number of grammatical descriptions. At the same time, texts in Bambara in electronic format are rather few and not easily accessible, so that much of the corpus building efforts were to be invested in digitizing printed material. Gerard Dumestre kindly provided us with the 100000-word collection of electronic texts in Bambara for the initial experiments. There were no linguistically annotated texts at our disposal.

The resources mentioned so far were sufficient to build a dictionary-based morphological analyzer for the automatic word-level annotation of Bambara texts. However, a number of issues arose from the low level of standardization characteristic of the Bambara written form (a situation typical of many other African languages, as well). Two official latin-based orthographic systems were used for Bambara in Mali; the new orthography has been in effect since 1987. Bambara is a tonal language, but both orthographic systems do not mark tones. As a consequence, each linguistic resource (dictionary or grammar) comes with its own tonal marking system developed by its author. There exist at least three such systems, by Charles Bailleul, Gerard Dumestre and Valentin Vydrin, not always allowing for simple conversion rules.

In addition, there are under-standardized areas in the existing orthographies, in particular the marking of word boundaries in composite words which are productively formed in Bambara and show considerable variation in writing. In any case, those orthographic rules that do exist are not always respected by native speakers of Bambara. More generally, Bambara is currently lacking a well-defined standard variety so that it is often unclear which of the competing lexical, spelling or tonal variants is to be considered standard, dialectal or idiosyncratic.

All these issues with lack of standardization show that variation in Bambara written form is a relevant feature for the sociolinguistic situation, and it should be taken into account in corpus building. A technical requirement for the corpus software is to retain all the information on variants and not to impose any subjective preferences for certain variants due to data unification procedures during corpus processing.

The idea of a Bambara corpus was coined by a group of three Russian linguists, specialists in Mande languages. I joined them as a linguist more proficient in IT. Our working group regarded the corpus mainly as a tool to serve the purposes of linguistic research and language teaching by non-native speakers. These aims shaped the general requirements for linguistic annotation in the corpus: a need for an annotation layer with consistent orthography and tonal marking, and a need for a layer of glosses — standardized equivalents in a European language. The obvious choice of a glossing language was French, widely used by researchers, learners and native speakers of Bambara.

Our group, composed of linguists involved in linguistic fieldwork and language documentation, regarded interlinear glossed text following Leipzig rules[2] as a suitable annotation model for Bambara texts. All group members were familiar with the Field Linguist's Toolbox software package[3] and used it as a reference point in discussion of annotation. It is no coincidence that most of the linguistic resources available to us, and most importantly Charles' Bailleul dictionary, were also in the Toolbox format. As a result, the design of the morphological annotation scheme is highly influenced by Toolbox, and Daba software supports the Toolbox format for dictionaries and annotated data. Compatibility with Toolbox made it easier for the group members to work on the content of linguistic resources, but resulted in a need for adaptation of our annotation to the model required by online corpus publishing software. These issues will be discussed in greater detail further in this article.

2 Bambara corpus software overview

The first major milestone for our working group was an online Bambara corpus of over 1 million words[4]. Following the example of "big" national language corpora, e.g. BNC or Russian National Corpus[5], the corpus was designed as consisting of two parts:

- Automatically annotated subcorpus with inevitable ambiguity due to grammatical homonymy. This is the larger part, currently over 1.4M words.
- Manually disambiguated subcorpus. This part is smaller, since disambiguation is a very labor-intensive task requiring a high level of competence in the language. Currently, the disambiguated Bambara subcorpus is over 0.23M words.

[2]See http://www.eva.mpg.de/lingua/resources/glossing-rules.php.
[3]See http://www-01.sil.org/computing/toolbox/.
[4]This milestone was reached in 2012.
[5]See http://ruscorpora.ru.

The corpus-building procedure established for the Bambara Reference Corpus can be split into several high-level tasks:

1. Automated morphological annotation of all texts.
2. Manual disambiguation of selected texts.
3. Adding metadata to all texts.
4. Creating an online search interface with flexible possibilities for concordance building.

We were unable to find a suitable software package or standalone tools that could be reused to solve tasks (1) through (3) for the Bambara corpus. The Daba[6] software package was developed by the author to fulfill these tasks. It is free and open source, written completely in the Python programming language and available at GitHub online code repository[7].

Tools for the first two tasks — automated morphological annotation optionally followed by manual disambiguation — were modelled on the process familiar to linguists: glossing of text in Toolbox. Basically, the morphological parser tries to split any wordform into a sequence of known morphemes using dictionary and morpheme combination constraints. If there are more than one possible parses, the user should interactively select the correct one (to disambiguate the word). In Toolbox, disambiguation is done at the same time as parsing and there's no way to leave an ambiguous parse result in place. Daba offers two separate utilities: a parser and a disambiguation tool. The parser processes text files non-interactively and saves the list of all possible parses for each token. The disambiguation tool allows a user to open the file produced by the parser and to select appropriate parse variants using a graphical user interface.

There exist two models of corpus metadata storage: either in a single database for all of the documents in a corpus or separately in each corpus document. Daba uses the second way, so that each corpus file contains all relevant metadata. The metadata editor provided in the Daba package allows a user to define the necessary metadata categories and to reuse metadata entries (e.g. an author's metadata) across several documents. More details on metadata annotation principles in the Bambara Reference Corpus are given in (Davydov, 2010).

NoSketchEngine was used as the online search interface and concordance building tool for the Bambara Reference Corpus. NoSketchEngine was selected for several reasons: it's free and open source; it is a mature project, alive and rather well supported; it supports — crucially — ambiguous values for annotation fields; and it provides a very flexible query language, CQL (Rychlý, 2007). NoSketchEngine is an open source variant of SketchEngine[8]. It is functionally limited compared to SketchEngine but it is more than sufficient for the purposes of the Manding corpora. The default NoSketchEngine code was modified to allow displaying the concordance in an interlinear-glossed style with annotation layers shown below the word form.

The Daba provides a separate utility to convert its internal data format into the vertical format required by NoSketchEngine to build corpus search indexes. This utility implements mapping of Daba's morphological annotation model onto annotation layers supported by NoSketchEngine. The algorithm of this mapping is further discussed in section 4.

3 Morphological analysis

Bambara, like all Manding languages, is a tonal language with a highly isolating morphology. This makes a traditional dictionary-based approach to morphological analysis a reasonable choice, since a simple dictionary lookup in a 10000-word dictionary covers about 90% of word forms in a Bambara text. There are several inflection affixes, some productive derivational affixes and a highly productive word composition process requiring heuristic rules in the morphological parser in addition to the dictionary.

The main downside of this simple approach to morphological analysis for Bambara is an abundant homonymy. The absence of tone-marking in the Bambara orthography, combined with the multiplicity of quasi-homonyms differing only in tone, leads to an ambiguity rate at about 70% in an automatically parsed text. This makes disambiguation a crucial task. Our group decided not to work on a sophisticated parser, keeping it simple and easy to implement, but instead to spend our efforts on manual disambiguation of text3s. This choice is in line with the argument by Sharoff and Nivre that

[6] *Dàba* is the Bambara word for 'hoe'. This name symbolizes the traditional and simplistic approach to morphological analysis used in the package. At the same time, it is an acronym for DAtabase for BAmbara.

[7] See http://github.com/maslinych/daba/.

[8] NoSketchEngine can be downloaded at http://nlp.fi.muni.cz/trac/noske.

linguists should invest in data annotation and not in rule sophistication (Sharoff & Nivre, 2011). Thus a gold standard morphologically annotated dataset could be produced sooner. This dataset can be further used for the development of statistical disambiguation tools.

Next in this section, morphological processing tools and resources are discussed in some detail.

3.1 Structure of morphological annotation

The model for morphological annotation used in Daba was inspired by interlinear morpheme-by-morpheme glosses as defined by Leipzig glossing rules. Each word form in a glossed text is annotated with a gloss and sometimes with a grammatical category (a part of speech tag). Any multimorphemic word is split into constituent morphemes with each morpheme having a corresponding gloss. An example of a glossed multimorpemic word from Bambara:

(1) báarabaliw
báara-bali-w
ptcp
travailler-PTCP.PRIV-PL

In Daba, morphological annotation of any word or morpheme is represented by a `Gloss` object. The gloss object is a triplet *word form — part-of-speech tag — gloss*. In the Daba interface it is conventionally written separated with colons:

(2) `báara:v:travailler`

For multimorphemic words this triplet is extended with a list of constituent morphemes, each being a Gloss object. A morphemes list is conventionally written in brackets after the basic triplet:

(3) `báarabaliw:ptcp: [báara:v:travailler bali::PTCP.PRIV w::PL]`

Note that affixes do not have a part-of-speech tag, and their glosses are standardized grammatical markers. Any field in a triplet can be left blank, e. g. the suprasegmental tonal article in Bambara is represented by Gloss object `::ART`.

The structure of a Gloss object is visualized in the Daba user interfaces in the form of a button labeled with form, part of speech, and gloss. Buttons for constituent morphemes are placed below the main word button:

báarabaliw (ptcp)		
báara (v)	bali	w
travailler	PTCP.PRIV	PL

The gloss object is recursive: since each morpheme is also represented by a Gloss object, it can have its own morphemes. This allows for flexible representation of the complex derivational structure of a word.

3.2 Lexical database: Bamadaba

A dictionary is the core component of morphological processing in Daba. Daba supports dictionaries in the Toolbox native format, also known as "standard format". To be accepted and correctly processed as a lexical resource, a toolbox dictionary file should conform to a set of conventions. Each lexical entry is required to have a word form in the \lx field, a part-of-speech tag in the \ps field, and a gloss in the \ge field. For example:

(4) \lx báara
\ps v
\ge travailler

Optionally, phonetical, tonal, dialectal or other variants can be listed under lexical entry in several \va fields. When the dictionary is loaded into Daba, each lexical entry is transformed into a Gloss object used for analysis. For each variant, an additional Gloss object is constructed that shares the part-of-speech tag and gloss with the main word form. All variants, including the main form, are treated as equivalent.

Other fields present in the source file and not used for constructing Glosses are simply ignored. Therefore, almost any Toolbox dictionary file developed for other purposes can be loaded into Daba with minimum modifications, mostly limited to field renaming.

A Bambara-French dictionary by Charles Bailleul (Bailleul, 2007), available in the Toolbox format, was used as a starting point for creating a lexical database for the Bambara corpus. Although the Toolbox format is transparently supported by Daba, much work was needed to transform a general-purpose dictionary into a lexical database suitable for morphological analysis[9]. Some issues were due to data inconsistencies mostly imperceptible by humans but intolerable for machine processing. For instance, there were over 150 different strings in the \ps field that should be normalized into a fixed set of part-of-speech tags. Also, a number of duplicate entries were present for variants already listed under some other lexical entry. Some other modifications of the dictionary were demanded by the goals of morphological annotation in the corpus. In particular, all French equivalents given in the original dictionary as translations were to be revised. For glossing purposes more semantically general single-word equivalents are strongly preferred to multi-word descriptive translations.

The resulting lexical database derived from the Bailleul's dictionary is supplied with dictionaries of proper names and is given its own name: Bamadaba. All dictionaries in Bamadaba are being continuously extended with new lexical entries found in the corpus.

3.3 Morphological parser

Daba's morphological parser uses two main resources: a lexical database and a grammatical file defining heuristic rules for processing word forms not found in a dictionary. The grammatical file is written using special syntax developed for Daba and consists of two parts: a list of *pattern rules* used for splitting a word form into constituent morphemes and processing instructions specifying the order of application of the rules. Technically, parser will work without a dictionary or grammar file, but its practical value will be limited in either case.

The parsing procedure for a single word form is organized as a sequence of pattern rule applications and dictionary lookups. When processing an input text, each word form is first of all transformed into a Gloss object with empty part-of-speech tag and gloss fields. A successful dictionary lookup returns a list of Gloss objects which represent possible interpretations of the word form. A successful pattern rule application splits a word form into morphemes. Grammatical morphemes are annotated by the parser itself and stems are looked up in the dictionary. In the processing instructions, a user specifies the order of pattern rule applications and dictionary lookups. (S)he can also define several points in the rule sequence where processing will be stopped if at least one fully glossed variant is present in the result list.

A pattern rule is twofold: it defines the rule applicability condition and the Gloss transformation operations. The first part specifies the context where rule is applicable by constraints on the input Gloss part-of-speech tag, word form and morpheme structure. Word form constraints are defined using regular expressions. The pattern rule usually also contains a morpheme splitting instruction also defined in terms of regular expressions. The second part of a pattern rule defines the annotation that should be assigned to the transformed Gloss and its morphemes.

An example of a simple pattern rule for Bamabara is a rule for analyzing privative participle forms ending in *-bali*:

(5) `pattern :v/ptcp: [ {|bali}:: ] | :ptcp: [ :v: :mrph:PTCP.PRIV]`

This rule states that it is applicable for forms having the part-of-speech tag "verb" or "participle" or an unspecified tag as well, ending in *-bali* (left part of the rule before the | symbol). The resulting form will be marked as a participle and split into two morphemes with the stem marked as verb and *-bali* marked as PTCP.PRIV (right part of the rule). The general form of the pattern rule and the use of regular expressions allows to annotate not only simple segmental morphemes (as in this example) but also morphemes with complex alternations depending on the phonetical context and suprasegmental morphemes.

A parser program processes an input file in the plain text format and produces parsed files in the native Daba format. Before the morphological analysis, the parser performs a number of auxiliary tasks: tokenizing input text, splitting sentences and normalizing orthography. The tokenizing and sentence splitting are done with a general built-in rule-based

[9] Cf. earlier attempt at transforming Bailleul's dictionary (1996 edition) into a digital lexical resource in (Enguehard *et al.*, 2012).

tokenizer. The orthographic normalization is performed for each token with a set of orthographic plugins, which are small independent python programs.

The orthographic conversion is not done as a separate step but is built into the parser because, according to the Bambara corpus methodology, all the variation in source forms should be retained. As a result of processing, the Daba parser saves the source word "as is" and annotates it with an orthographically normalized form and its morphological interpretation.

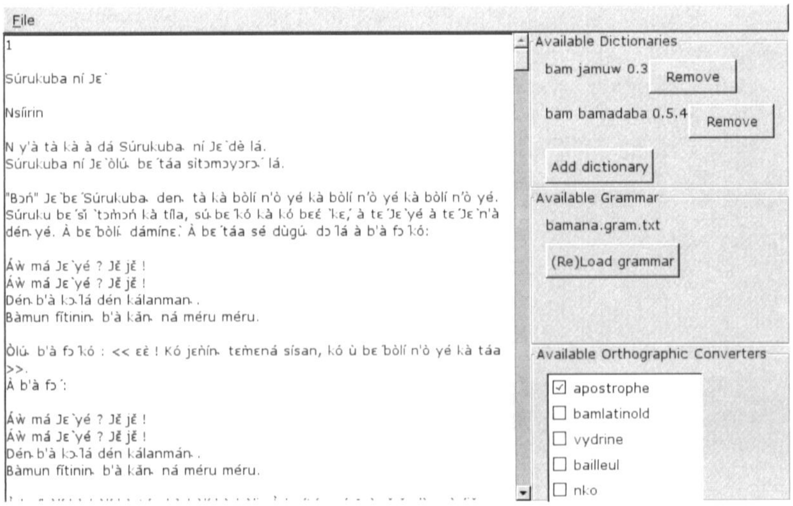

Figure 1: Graphical interface of the Daba morphological parser

3.4 Manual disambiguation

Files produced by the Daba parser can follow two routes: they are either directly converted into vertical format and uploaded into the disambiguated subcorpus, or passed to a Bambara-proficient operator for disambiguation. Daba provides a graphical user interface for the disambiguation which visualizes morphological annotation and lets a user choose correct annotation variants.

A sample screen showing a single sentence in the disambiguation interface is provided on fig. 2. The sentence is split into tokens, below each token there is a list of all possible morphological interpretations displayed as buttons. By pressing a button, a user can choose the correct variant. The resulting disambiguated file is saved in the same Daba format which can be further converted into the vertical format and uploaded into the disambiguated subcorpus.

4 Corpus annotation model

NoSketchEngine is used for the online publishing of Bambara Reference Corpus. NoSketchEngine is a general-purpose online corpus search interface with a feature-rich query language CQL and a possibility to store alternative (ambiguous) annotation variants for a token. In this section, the main procedures required to present morphologically annotated files in the Daba format as an online corpus are described.

The basic annotation unit in NoSketchEngine is a token (a word or a punctuation mark). An annotation for a token is presented in several pre-defined layers. The corpus administrator can define an arbitrary number of annotation layers containing linguistic data of any kind. Three very common attributes have special support in the web-interface. These are a *word* itself, its *lemma* (a normalized form used to aggregate tokens of the same word type), and a grammatical *tag*, usually the part of speech.

Annotated data should be loaded in NoSketchEngine in the so-called "vertical format". This is a plain text file with one token on a line followed by a tab-separated list of its attributes. Each column in a vertical file corresponds to an annotation layer:

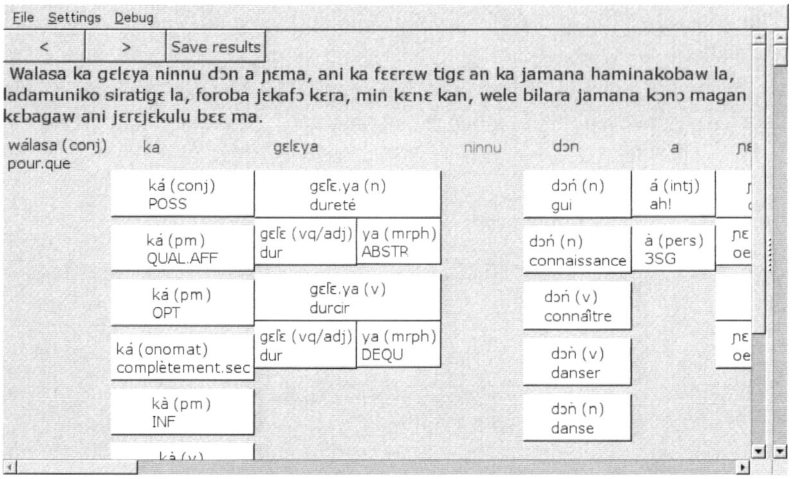

Figure 2: Graphical interface of the Daba disambiguation tool

(6)

#word	lemma	tag	gloss
baara	báara	n	travail

The Daba's native morphological annotation model, described in section 3.1, doesn't have a direct analog of a lemma field for a word and also contains a morpheme-level morphological information that should not be lost in the process of converting Daba files into vertical format. A scheme mapping Daba's morphological annotation model onto wordform-based annotation for a NoSketchEngine solves these two primary tasks: lemma building and representation of morpheme-level grammatical information. A simple example of a token annotation following this mapping scheme is shown and commented below:

(7)

#word	lemma	tag	form	gloss	parts
baarabaliw	báara	ptcp|PL|PTCP.PRIV	báara-bali-w	travailler-PTCP.PRIV-PL	báara

The lemma for a word token is built from a Gloss object using a simple heuristic: the lemma is a concatenation of all constituent morphemes with the exception of those listed as inflectional. A closed short list of inflectional morphemes in Bambara makes this a simple and natural approach.

If a lemma has any variant listed in a lexical database, all these variants are added to the lemma attribute as alternatives. For example, the predicative marker *kà* has a graphical variant — the "contracted" form *k'*. For any *kà* and *k'* used in text, the lemma is identical and lists both variants: *kà|k'*. As a result, a search for the lemma *kà* or the lemma *k'* will return identical results with both contracted and full forms in the concordance. All kind of variants (phonetical, tonal, graphical, dialectal etc.) are treated this way. It makes all these kinds of variability systematically presented in the corpus and available for quantitative study.

The morpheme-based information contained in the Daba annotation scheme is translated into several different annotation layers in vertical format. The grammatical tag layer is filled with the part-of-speech tag for the whole word form and supplied with all standardized glosses (following Leipzig rules) of inflectional and derivational affixes constituting this word form. This way, search, e.g. for all plural forms becomes possible by a simple query for the grammatical tag *PL*.

For representing morphemic composition of a word form in a format most similar to interlinear glossing format, two annotation layers are added: *form* and *gloss*. The *form* attribute contains a hyphen-separated list of all morphemes of a token, and *gloss* contains a hyphen-separated list of glosses for the morphemes. These layers allow a corpus user to save pre-glossed examples from a corpus already represented in a conventional interlinear form.

The last attribute *parts* is filled with all stems (non-grammatical morphemes) found in a word form. This field is useful for an enhanced search in representing composite and derivative forms. A special search interface option called "Include composite and derivative forms" is implemented for the Bambara Reference Corpus using this field.

5 Discussion

The corpus-building procedure and the tools described in this article are highly influenced by the configuration of resources and limitations faced by the Bambara Corpus working group. Nevertheless, this procedure and tools can be regarded as a model for building corpora for other Manding languages since it provides solutions for the most demanding practical and methodological issues we needed to resolve. It has already proved its practical value for a Manding language closely related to Bambara, the Guinean Maninka. Work on the Bambara corpus lasted for several years before it reached a stage mature enough to publish the corpus online. Having the Daba suite ready, we were able to make the first online functional pre-release for the Maninka corpus roughly in a week starting from scratch. An application to other Manding and unrelated languages seems reasonable, too.

Each model has its own strengths and weaknesses. For Daba, the main deficiency probably lies in the simplistic implementation of morphological parsing. In the current implementation it is rather slow, taking couple of hours for processing a 1-million-word corpus. But for the practical purposes of the corpus, this is currently not an issue, since parsing any single text is done in a reasonable time. Parsing the full corpus is needed only at a corpus release moment, once in every several months. A more serious problem with the morphological analysis lies in the sequential parsing algorithm architecture which impedes the conditional application of pattern rules (apply a rule only if some other rule was matched). However, this kind of deficiency can be fixed in future Daba releases. The software implementation of graphical user interfaces in Daba also has all sorts of shortcomings characteristic of amateur programming with limited resources.

On the strong side of the Daba approach, an integration with the Toolbox data formats can be mentioned. This allows linguists to work with lexical resources in a familiar environment and saves an additional dictionary conversion step. In general, corpus building procedures of the Bambara Reference Corpus were designed to minimize the need for development of specific software for a corpus. A software developer is still a rare and expensive resource in a linguistic project. Freely available software is used to accomplish all corpus tasks where possible, notably, the NoSketchEngine for the complex software tasks of corpus indexing and querying and building a concordance web-interface. And yet, as the Daba software package proves by its mere existence, the task to avoid software development for a corpus can be achieved only to a certain degree.

6 Conclusion

Work on the Bambara Reference Corpus has shown that corpus building for a language with a low level of literacy and language standardization is different from the corpora of languages with long-established standards for orthography, lexical choice, and linguistic description. Bambara is a vivid example of such a low-standardized language. As research on such languages is usually done by linguists who are not native speakers and primarily address their work to the international linguistic community, the corpus model should meet the requirements of the tradition of data annotation and presentation in this community. Also, the lack of standardization should be regarded as a subject to study, not a subject for imposing an arbitrary standard by corpus architects. As a consequence, the most original parts of the corpus building model presented here are related to the integration of the interlinear glossed format into corpus annotation and a systematic representation of the lexical variation in the lexical database and in the corpus.

Future work on the Bambara Reference Corpus, as well as other Manding corpora, besides the obvious need for enlarging the corpus volume, should include a work on statistical algorithms aimed at reducing the ambiguity rate in an automatically parsed text.

Acknowledgments

The work on the Bambara Reference Corpus was supported by the RFBR grant #10-06-00219 "Development of the model for Manding electronic corpora (Maninka, Bambara)".

This work is part of the program Investissements d'Avenir, overseen by the French National Research Agency, ANR-10-LABX-0083, (Labex EFL).

I am very grateful to Jean Jacques Méric for the constant flow of bug reports and feature suggestions for the Daba software package.

References

BAILLEUL C. (2007). *Dictionnaire Bambara-Français*. Bamako: Donniya, 3e édition corrigée edition.

DAVYDOV A. (2010). Towards the manding corpus: Texts selection principles and metatext markup. In *Proceedings of the Second Workshop on African Language Technology AfLaT*, p. 59–62.

DUMESTRE G. (2011). *Dictionnaire bambara-français suivi d'un index abrégé français-bambara*. Paris: Karthala.

ENGUEHARD C., KANE S., MANGEOT M., MODI I. & SANOGO M. L. (2012). Vers l'informatisation de quelques langues d'afrique de l'ouest (towards the computerization of some west-african languages) [in french]. In *JEP-TALN-RECITAL 2012, Workshop TALAf 2012: Traitement Automatique des Langues Africaines (TALAf 2012: African Language Processing)*, p. 27–40, Grenoble, France: ATALA/AFCP.

RYCHLÝ P. (2007). Manatee/bonito–a modular corpus manager. In *1st Workshop on Recent Advances in Slavonic Natural Language Processing*, p. 65–70: within MU: Faculty of Informatics Further information.

SHAROFF S. & NIVRE J. (2011). The proper place of men and machines in language technology. processing russian without any linguistic knowledge. *Komputernaja lingvistika i intellektual'nye tekhnologii: Po materialam Mezhdunarodnoj konferencii "Dialog"(Bekasovo, 25-29 maja 2011)*, p. 591–604.

VYDRIN V. (2013). Bamana reference corpus (brc). *Procedia-Social and Behavioral Sciences*, **95**, 75–80.

VYDRINE V. (1999). *Manding-English Dictionary (Maninka, Bamana)*, volume 1. St. Petersburg: Dimitry Bulanin Publishing House.

Méthodologie pour la structuration semi-automatique du corpus dans une perspective de traitement automatique des langues : le cas du dictionnaire français-kabyle.

Mahfoud MAHTOUT
Laboratoire DySoLa (Dynamiques Sociales et Langagières), Université de Rouen
mahfoud.mahtout@yahoo.fr

Résumé

L'objectif de cette contribution est de proposer une méthodologie nouvelle de structuration de corpus à l'aide d'outils informatiques récents permettant aux linguistes non-spécialistes en informatique de constituer des corpus structurés en vue de leur exploration par des outils de traitement automatique des langues naturelles. Il s'agit, plus exactement, de présenter le processus d'informatisation du *Dictionnaire français-kabyle* (1902-1903) et ce depuis sa numérisation, en passant par sa structuration, à la constitution d'une base de données lexicales interrogeables en ligne. Cette méthodologie économe en temps de travail qualifié a le mérite de donner des résultats probants en termes de structuration d'un corpus numérique bilingue facile à enrichir et à partager.

Mots-clés : dictionnaires, bilingues, méthodologie, structuration, semi-automatique, informatisation, corpus, TAL, langues africaines.

1. Introduction

À l'ère des technologies numériques, l'informatisation de ressources lexicographiques anciennes constitue une alternative pour la sauvegarde, la valorisation et à terme l'équipement linguistique des langues à tradition orale. D'ailleurs, les langues africaines accusent un retard important dans ce domaine par rapport aux langues de l'Europe pour lesquelles des travaux d'informatisation de dictionnaires anciens ont été initiés depuis les années 1980. Bien que le patrimoine lexicographique des langues africaines soit particulièrement riche, son exploitation demeure très limitée faute notamment de sa disponibilité. En effet, la rareté et la fragilité des dictionnaires anciens réduisent l'accessibilité au large public et menacent la pérennité des textes. Aussi, les outils informatiques actuels offrent des possibilités de conservation et de diffusion de ressources lexicales inestimables et permettent leur valorisation et leur exploitation.

Nous proposons, dans ce qui suit, de présenter une méthodologie mise en œuvre pour l'informatisation du *Dictionnaire français-kabyle* (1902-1903) de Gustave Huyghe. Ce projet découle d'un constat simple mais important : il n'existe aucune tentative d'informatisation de dictionnaires bilingues anciens notamment ceux de la période coloniale en Algérie ; de plus, dans le domaine de la lexicographie français-langues d'Algérie sont rares les sites internet qui proposent une ressource lexicale exploitable en ligne. La méthodologie que nous proposons apporte une réponse adaptée à ce type d'ouvrages à caractère non systématique dont le contenu est assez disparate et souvent peu structuré. De ce fait, la structuration du corpus ne peut être envisagée que de façon semi-automatique. Il convient pendant cette phase de se poser les questions suivantes : quelles sont les rubriques récurrentes ? Celles-ci suivent-elles une organisation constante ? Quelles sont les informations non-systématiques ? Comment sont-elles disposées dans l'article ? Quelles sont les solutions techniques les plus innovantes et les moins coûteuses en temps à envisager ?

Avant tout, nous devons souligner que l'informatisation du *Dictionnaire français-kabyle* (1902-1903) a fait l'objet d'un partenariat avec le Département de Génie mathématique de l'Institut National des Sciences Appliquées (INSA) de Rouen. Cette collaboration a donné lieu à l'informatisation d'un échantillon du dictionnaire en question. Notre réflexion a évolué au cours de la recherche et a été élargie à l'ensemble du corpus lexicographique.

Nous nous proposons dans un premier temps d'exposer les différentes étapes que nous avons suivies pour informatiser le *Dictionnaire français-kabyle*, de sa numérisation à son informatisation. Nous présenterons ensuite l'outil Adobe FrameMaker qui permet de structurer d'une façon logique les données d'un corpus et de les transformer dans un format utilisable par des outils de traitement automatique des langues. Nous concluent en exposant les différents modes de consultation du dictionnaire et les possibilités d'exploitation qu'offre la version informatisée.

2. Le corpus lexicographique

Le corpus lexicographique est constitué du *Dictionnaire français-kabyle, Qamus Rumi-Qbaili,* publié en 1902-1903, à Malines, en Belgique, chez Godenne, par le missionnaire berbérisant Gustave Huyghe. Cet ouvrage de 893 pages contient une nomenclature étendue et très détaillée, riche de plus de 15 000 entrées organisées par l'ordre alphabétique latin. Sur le plan matériel et formel, les articles sont disposés sur une colonne par page et les entrées françaises sont typographiées en minuscule et en caractères gras. Les entrées polysémiques sont plus souvent suivies de tournures pour en préciser le sens. Les équivalents kabyles notés en italique-gras rendent les différentes acceptions de la vedette française. Les périphrases prennent souvent la place de l'équivalent pour exprimer l'idée du terme français. Le dictionnaire du Père Huyghe foisonne d'exemples, de tournures et d'expressions (plus de 4000) qui rendent au mieux les différentes acceptions des vedettes. Les informations grammaticales sont mentionnées pour les mots kabyles, dans le corps de l'article : les termes indiquant l'aspect d'habitude, le parfait et le pluriel sont souvent notés.

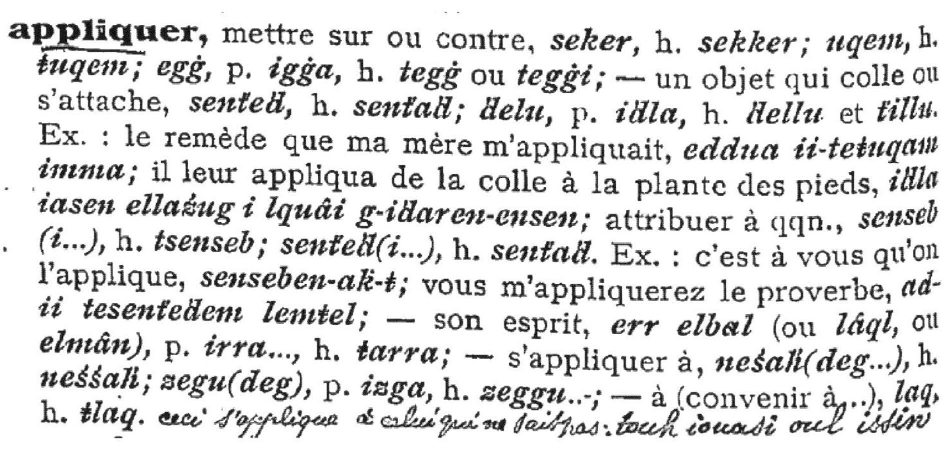
appliquer, mettre sur ou contre, ***seker,*** h. ***sekker; uqem,*** h. ***tuqem; egġ,*** p. ***iġġa,*** h. ***teġġ*** ou ***teġġi;*** — un objet qui colle ou s'attache, ***senteď,*** h. ***sentaď; ďelu,*** p. ***iďla,*** h. ***ďellu*** et ***tillu.*** Ex. : le remède que ma mère m'appliquait, ***eddua ii-tetuqam imma;*** il leur appliqua de la colle à la plante des pieds, ***iďla iasen ellaźug i lquâi g-iďaren-ensen;*** attribuer à qqn., ***senseb (i...),*** h. ***tsenseb; senteď(i...),*** h. ***sentaď.*** Ex. : c'est à vous qu'on l'applique, ***senseben-ak-t;*** vous m'appliquerez le proverbe, ***ad-ii tesenteďem lemtel;*** — son esprit, ***err elbal*** (ou ***lâql,*** ou ***elmân),*** p. ***irra...,*** h. ***tarra;*** — s'appliquer à, ***neśaḱ(deg...),*** h. ***neśśaḱ; zegu(deg),*** p. ***izga,*** h. ***zeggu..;*** — à (convenir à..), ***laq,*** h. ***tlaq.*** ceci s'applique à celui qui ne sait pas : touḥ iouadi oul issin

Figure 1. Exemple d'organisation matériel et formel d'un article.

Cette figure illustre l'organisation microstructurelle d'un article type et permet de mettre en évidence le mode de transcription de la langue kabyle. Comme nous pouvons le constater l'auteur a opté pour une transcription uniquement en caractères latin y compris pour le kabyle. L'auteur suit une règle simple représentant chaque phonème par une seule lettre. Pour ce faire, il recourt à des lettres conventionnelles suscrites, souscrites ou barrées pour transcrire les mots kabyles. Par exemple, Huyghe emploie le point pour indiquer les lettres faibles (neutres) et l'apostrophe pour désigner les lettres fortes (emphatiques). Bien qu'original, ce mode de transcription demeure d'une part, insuffisant pour rendre avec précision la prononciation kabyle et constitue, d'autre part, une première difficulté pour le traitement informatique du corpus (nous y reviendrons sur ce point). Une seconde difficulté apparaît dans la figure 1 ; la présence de notes manuscrites dans le corps de l'article ne facilite pas la reconnaissance optique des caractères.

2.1 Contexte de rédaction et caractéristiques du *Dictionnaire français-kabyle*

Le *Dictionnaire français-kabyle* ne fut pas la première œuvre de Gustave Huyghe. En 1896, il compose le premier dictionnaire ayant le kabyle avant le français, ouvrage manuscrit, lithographié, puis imprimé en caractères typographiques en 1901 à Paris par l'Imprimerie nationale. Né en 1861 dans la commune de

Morbecque, située dans le département du Nord, Gustave Huyghe est ordonné prêtre le 8 septembre 1884 et choisit de servir dans la Société des Missionnaires d'Afrique. Il sera envoyé, le 17 novembre de la même année, à la station Djamâa Saharidj, auprès de ses confrères de Kabylie. Très actif, le Père Huyghe fait la classe aux enfants, parcourt les villages de la Haute et de la Basse Kabylie, soigne les malades et profite de ces visites pour consolider sa maîtrise de la langue kabyle. Et, tout ceci dans des conditions d'existence très difficile au milieu d'installation rudimentaire : il faut souvent écrire à la lumière d'une lampe à pétrole, qui éclaire et chauffe la chambre. En octobre 1885, il est appelé au poste d'Ath-Menguellet, où il ne reste que quelques mois, puis affecté, en janvier 1886, au poste de Beni Smaïl. Ce sera la dernière station dans laquelle il exercera en Kabylie avant d'être appelé en Belgique (1887), puis envoyé en Tunisie (1897) où il reste plus de deux ans avant de retrouver l'Algérie en 1899 mais cette fois dans les Aurès, plus précisément à Arris, chez les Chaouis. Il confectionne alors le *Dictionnaire français-chaouia,* qu'il publie en 1906 à Alger chez Jourdan. Gustave Huyghe meurt le 01 décembre 1912, à l'âge de cinquante ans.

Le *Dictionnaire français-kabyle* réunit un matériau composé de plusieurs parlers kabyle recueilli principalement dans les parlers kabyles de la Haute Kabylie et de certaines localités de la Basse Kabylie où sont implantés des postes de mission. L'ouvrage du Père Huyghe contient une nomenclature étendue et très détaillée, riche de plus de 15000 entrées. Huyghe introduit dans sa nomenclature des mots se référant à l'organisation sociopolitique de la société kabyle, *session* (*tajmâat*, « conseil des sages de la tribu »), *séminaire* (*timâmmert*, « établissement scolaire ») ; aux instruments d'agriculture ou de jardinage, *sarcloir*, *serpe*, *sécateur* ; à l'habillement, *savate*, *socque*, *saroual* ; etc. Son dictionnaire se caractérise par une accumulation de parlers kabyles qui varient suivant les tribus et les villages. L'ouvrage se termine par un appendice dans lequel le lexicographe nous donne une liste de mots tirés des expressions argotiques les plus répandues parmi les Kabyles. En 1904, ce dictionnaire est récompensé par le prix Volney, mais ne bénéficie d'aucune réédition.

3. Méthodologie

Il convient de souligner que le *Dictionnaire français-kabyle* de Huyghe, auquel un traitement informatique est appliqué, est conçu sous forme de bases de données lexicales dont l'interface de consultation permet à l'usager d'interroger et d'exploiter de façon personnalisée les données stockées.

3.1 De la numérisation à la récupération des données textuelles

La première étape a consisté à numériser la version papier du *Dictionnaire français-kabyle* (1902-1903). Pour ce faire, nous avons demandé sa numérisation à la bibliothèque universitaire de Grenoble (SICD 2)[1] qui propose à l'ensemble du public un service gratuit de "numérisation à la demande". Une fois numérisé, le document est mis à notre disposition sous format PDF-image. Ensuite, nous avons procédé à son "océrisation", c'est-à-dire à la conversion du format PDF-image en format texte au moyen d'un logiciel OCR[2] qui permet la récupération des données textuelles. À l'issue de cette opération de conversion, nous avons procédé à la vérification et au contrôle du texte pour corriger les erreurs de reconnaissance. En effet, le document source comporte des caractères accentués non pris en charge par le logiciel OCR et contient, à certains endroits, des annotations manuscrites qui encombrent le texte imprimé, ce qui rend le résultat de la reconnaissance de moindre qualité. Nous avons donc procédé à la révision des coquilles de toutes sortes en veillant particulièrement au respect du contenu linguistique du texte original et de ses caractéristiques typographiques. Une fois l'ensemble du texte lexicographique relu et corrigé, il était prêt pour la phase de la structuration des données.

3.2 Structuration des données

La deuxième étape consiste à analyser manuellement et minutieusement les différents types d'articles du dictionnaire afin de révéler leurs structures en caractérisant les différents éléments qui les constituent : spécifications typographiques (corps de l'entrée, corps de tous les autres éléments), environnement d'apparition de chaque élément, attributs, etc. Dans un second temps, un balisage en norme XML (eXtensible Markup Language) est nécessaire pour obtenir une organisation des données de manière logique et hiérarchisée. L'intérêt de la structuration est multiple : elle permet l'exploitation des ressources du dictionnaire sur des supports différents, la constitution d'une base de données interrogeable, la gestion des mises à jour, la création

---

[1] Service interétablissements de coopération documentaire de Grenoble

[2] Optical Character Recognition (Reconnaissance optique des caractères). Le logiciel de reconnaissance utilisé est OmniPage 17.

des produits dérivés, etc. Le balisage des différents éléments devrait aboutir au résultat figurant dans le tableau suivant :

Structure profonde	Structure de surface
<ARTICLE><ZONE-ENTREE><ZONE-ADRESSE><**ADRESSE**>abattoir,</ADRESSE></ZONE-ADRESSE></ZONE-ENTREE><ZONE-GRAM><CATEGORIE-GRAMMATICALE><ZONE-TEXTE><ZONE-SEMANTIQUE><DIVISION-SEMANTIQUE><**TRADUCTION-KABYLE**>âric,<GENRE-NOMBRE><**PLURIEL**>;iâ-cen(B.A);&marquers-paranthèses;</PLURIEL></GENRE-NOMBRE></TRADUCTION-KABYLE><**TRADUCTION-KABYLE**>batuar (pris du français).&emprunt- franc;</TRADUCTION-KABYLE></DIVISION-SEMANTIQUE></ZONE-SEMANTIQUE></ZONE-TEXTE></CATEGORIE-GRAMMATICALE></ZONE-GRAM></ARTICLE>	**abattoir** ***âric*** *pluriel* ***iâ-cen*** (B.A) ; ***batuar*** ♦(pris du français).

Tableau 1. Présentation de la structure d'un article et sa représentation en surface.

L'arborescence donne un aperçu de l'environnement de l'élément en question (présenté en gras dans le tableau, colonne de gauche). À un niveau supérieur de l'arborescence sont indiqués les éléments pouvant contenir l'élément analysé. Si celui-ci contient lui-même d'autres éléments, ces derniers sont listés dans un niveau inférieur. Toutefois, étant donné la non-systématicité des articles (leur structure varie considérablement à tel point que les différentes informations peuvent figurer à n'importe quelle position dans l'article), un traitement automatisé n'aurait donné que des résultats médiocres : les disparités existant entre les articles ne permettent pas une automatisation du découpage du texte lexicographique. Nous avons donc dû définir un schéma de codage suffisamment souple permettant de décrire les particularités de chaque article. Face à cette difficulté, nous avons opté pour une solution alternative : celle d'utiliser un éditeur XML permettant la saisie ou l'insertion manuelle du texte dans une interface paramétrée à cet effet. Pour accomplir cette tâche, nous avons choisi la solution proposée par le logiciel Adobe FrameMaker.

3.3.1 L'outil Adobe FrameMaker

Adobe FrameMaker[3] est un outil de publication automatisée multicanal intégrant un éditeur XML. Le mode de création XML fournit une interface utilisateur dotée d'un éditeur XML permettant de décrire le contenu d'un document d'une façon structurée et conformément aux normes d'échange de données ou de présentation sur le Web. L'interface utilisateur est simple et ne nécessite pas de connaissances approfondies de codage XML. Elle permet, entre autres, de créer des balises, de les appliquer aux éléments textuels sélectionnés en un seul clic. La fenêtre "Auteur" fournit une vue WYSIWYM (What You See Is What You Mean, ce que vous voyez est ce que vous voulez dire) afficher trois panneaux différents : le premier affiche le document de travail tel qu'il apparaîtra à la publication, le deuxième permet l'ajout ou la modification des marqueurs, balises et toutes autres variables et le troisième autorise l'application des opérations au document de travail. Ces outils visuels de création facilitent la structuration du texte lexicographique et permettent de voir simultanément la structure hiérarchisée et le contenu du document.

[3] Adobe FrameMaker version 12.

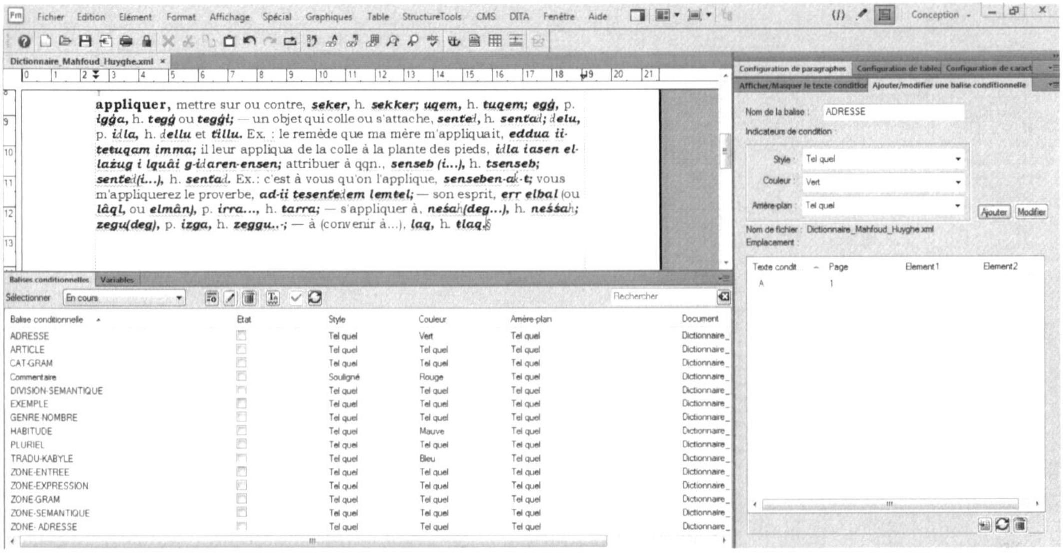

Figure 2. Interface utilisateur de l'éditeur XML Adobe FrameMaker.

Le conteneur de balise (en bas du la page) permet d'appliquer les balises sélectionnées au texte sélectionné. Il est possible d'attribuer une couleur particulière pour chaque élément sélectionné du texte de telle sorte à distinguer les balises d'arrière-plan. Ce mode d'affiche masque le balisage et n'affiche que des zones de saisie correspondant aux différents éléments et attributs. Une seconde option permet d'afficher tout le balisage avec la structure hiérarchisée des balises. La configuration de cet outil fournit ainsi un moyen de contrôle semi-automatique suivant les règles relatives à la structure des articles : l'éditeur vérifie constamment les règles prédéfinies et ne permet d'insérer qu'un contenu conforme à ces règles.

L'outil Adobe FrameMaker constitue une aide précieuse pour l'informatisation des dictionnaires car il permet de décrire de manière précise et logique la structure formelle de chaque article. L'avantage qu'offre cet éditeur est d'être facile d'utilisation et offre en même temps un gain de temps et d'effort dans la structuration du texte lexicographique.

3.3.2 Conception de la base de données SQL[4]

La conception de la base de données est fondée sur une analyse lexicographique minutieuse permettant de recenser tous les éléments qui composent le texte dictionnairique. L'utilisation d'outil conçu spécialement pour la modélisation de la base de données facilite l'expertise et l'identification des besoins tout en accélérant le processus de sa conception. Celle-ci doit répondre au moins à trois objectifs : structurer les données, les trier de manière à donner l'accès à un maximum d'informations utiles et les stocker dans la base.

Pour organiser les données, nous avons d'abord utilisé le modèle (ou technique) « Entité-Association » qui permet de construire des schémas théoriques de raisonnement, puis nous avons mis en œuvre un modèle de base de données relationnelles permettant de réaliser n'importe quelle requête : les Entités étant liées entre elles par des relations *de* → *à* (par exemple, *Entrée* conduit à *Traduction*). Mais avant d'aborder l'architecture de la base de données, il nous faut d'abord présenter le modèle *Entité-Association*.

3.3.3 Modèle Entité-Association

Le modèle *Entité-Association* est une représentation des données traitées sous forme de schéma logique. Pour construire ce schéma, nous avons utilisé un logiciel libre (AnalyseSi) qui permet de modéliser la base de données. Cet outil offre une grande souplesse au niveau de l'analyse, ce qui convient avantageusement à la structure non systématique du *Dictionnaire français-kabyle* de Huyghe.

Après avoir défini les propriétés de chaque élément à intégrer dans le dictionnaire de données, nous avons procédé à la création des Entités et Associations pour obtenir le schéma MCD (Model Conceptuel de Données) ci-dessous.

---

[4] Structured Query Language. Cette technique est, par exemple, mise en œuvre pour la structuration du dictionnaire Encarta

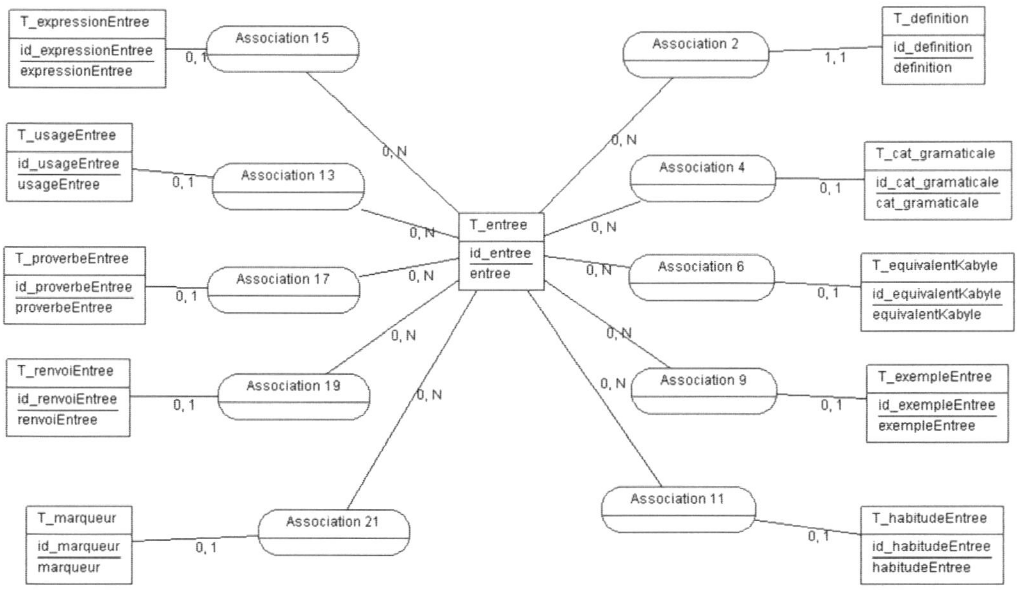

Figure 3. Schéma relationnel Entités-Associations (MCD).

Dans ce schéma, les Entités sont représentées par des cadres rectangulaires, les Associations par les formes ovales et les liens entre Entités et Associations sont symbolisés par des lignes marquant aussi la cardinalité de la relation (0, n) (0, 1). Notons que l'Entité « entrée » est centrale dans ce schéma dans la mesure où toutes les autres données convergent vers elle. C'est ce que représente le schéma MLD (Modèle Logique de Données) suivant :

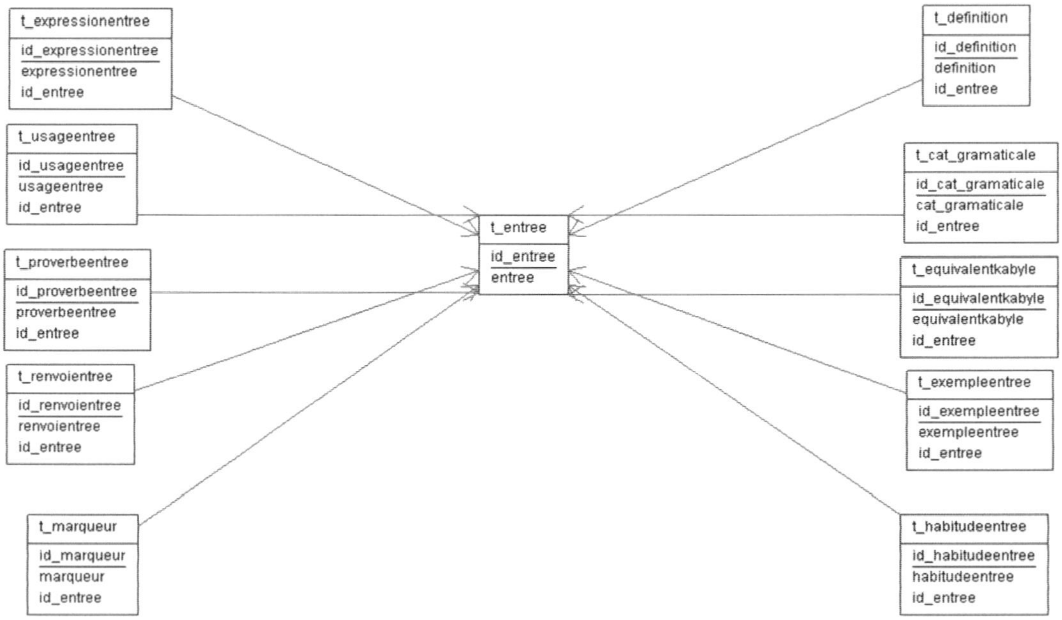

Figure 4. Schéma conceptuel MLD.

Ce schéma est obtenu par la transformation du modèle « MCD » en modèle « MLD » qui est directement exploitable par la base de données. Par ailleurs, l'insertion d'une clé étrangère (id_entree) dans toutes les autres tables en *relation* avec la table « *t_entree* » permet de faire le lien entre les informations contenues dans les autres tables et celles stockées dans la table entrée. Cette opération garantit ainsi l'intégrité des données pendant les différentes opérations de manipulation et de consultation des informations.

Une base de données est un fichier composé d'une ou de plusieurs tables. L'outil AnalyseSi nous offre la possibilité de construire et de générer un script de création des tables composant notre base de données relationnelle en respectant les contraintes fonctionnelles et référentielles de celles-ci. Une simple exécution du script SQL aboutit à la création des tables de la base de données.

3.3.4 Remplissage de la base de données

La méthode que nous avons adoptée est basée sur l'utilisation du document XML (Balises) pour créer un script SQL permettant de remplir les tables. En effet, le fichier XML contient les informations du dictionnaire regroupées entre des balises préalablement fixées. À partir de celui-ci, nous avons créé un fichier SQL contenant des requêtes d'insertion de données. Une fois le fichier importé et exécuté sous MySQL, la base de données est ainsi remplie. Voici un exemple de remplissage de la table *entrée*.

```
-- Contenu de la table `entree`

INSERT INTO `entree` (`id_entree`, `entree`) VALUES
(1, 'A,'),
(2, 'A,'),
(3, 'à, '),
(4, 'abaissant,'),
(60, 'abréger'),
(61, 'abreuver'),
(62, 'abreuvoir '),
(63, 'abréviation '),
(64, 'abri ');
```

Figure 5. Requêtes d'insertion dans la table *entrée*

3.3.5 L'interface

Une fois la base de données remplie, l'accès aux informations se fait par le biais d'une interface Web dynamique qui interprète les fichiers PHP (Hypertext Preprocessor) utilisés dans l'exploitation de la base de données. Ces fichiers sont une combinaison de script PHP, de requêtes SQL et du code HTML (Hypertext Markup language) qu'un navigateur Web interprète.

Lorsque l'utilisateur fait une requête, le PHP récupère les informations saisies et fait appel à la base de données pour récupérer les informations demandées et les afficher par la suite sous forme HTML qui gère la visualisation à l'écran. Voici une copie d'écran de l'interface d'interrogation du *Dictionnaire français-kabyle*.

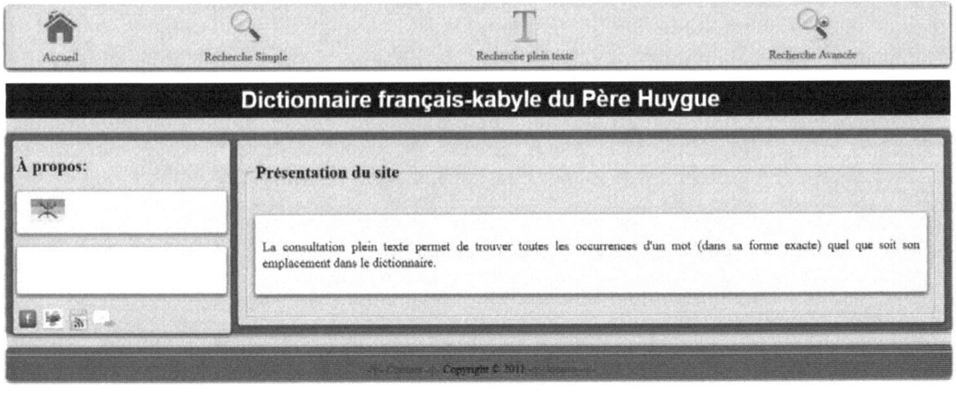

Figure 6. Interface d'interrogation du *Dictionnaire français-kabyle*.

3.3.6 La consultation du *Dictionnaire français-kabyle*

L'interface du *Dictionnaire français-kabyle* offre à l'utilisateur trois modes de consultation : une recherche simple, une recherche plein texte et une recherche avancée. Ces modes de recherche permettent à l'utilisateur d'avoir accès à un grand nombre d'informations impossible d'exploiter dans toute version papier des dictionnaires.

3.3.6.1 La recherche simple

Ce mode d'interrogation, des plus traditionnels, permet un accès simple et rapide au contenu d'un article du dictionnaire. Cette consultation consiste à rechercher l'article concernant le mot saisi par l'utilisateur dans le menu *recherche simple*. La recherche dite « simple » s'effectue sur une entrée de la nomenclature qui donne accès à l'article lui correspondant : l'utilisateur saisit un mot sur lequel il souhaite obtenir des informations pour accéder directement à l'article. Nous avons pris le soin de présenter les textes des articles de manière aérée pour faciliter leur consultation. Voici une copie d'écran illustrant le mode de *recherche simple*.

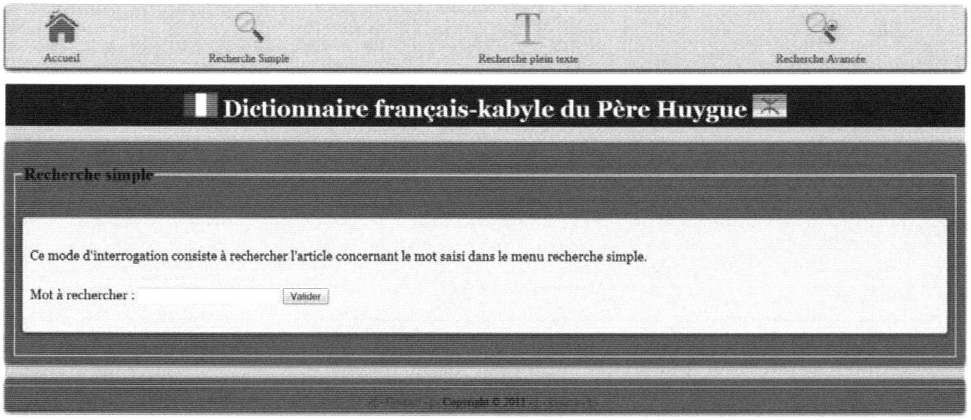

Figure 7. Résultat de la recherche en mode *recherche simple*.

Ce mode de recherche procède en quelque sorte de la même manière que la consultation manuelle dans les dictionnaires papier. En revanche, l'opération de recherche dans le dictionnaire informatisé offre l'avantage d'être nettement plus rapide.

3.3.6.2 La recherche plein texte

Ce mode d'exploitation donne à l'utilisateur la possibilité d'effectuer à travers l'intégralité du texte lexicographique des recherches *plein texte* qui permettent l'accès à des informations disséminées dans tout le texte du dictionnaire. Cette option de recherche permet à l'utilisateur de trouver toutes les occurrences de la forme saisie et ce, quelle que soit sa position dans le texte. Ainsi, le texte du dictionnaire est parcouru dans son intégralité et les occurrences trouvées sont mises en évidence.

L'utilisateur saisit donc un mot ou une expression de son choix dans le menu *recherche avancée* et la liste des résultats trouvés s'affiche à l'écran. Ces résultats sont classés par degré de pertinence : la forme recherchée est considérée de "forte pertinence" lorsqu'elle correspond à une entrée, de "faible pertinence" lorsqu'elle figure dans le contenu de l'article. Dans ce dernier cas, les éléments trouvés sont affichés en fonction de la fréquence des formes occurrentes dans le texte de l'article. Il est à signaler que toute requête de recherche plein texte ne tiendra pas compte des mots de moins de trois caractères du fait de leur trop grande utilisation. De même que l'interface d'interrogation ne tiendra pas compte des accents. Ainsi, le mot « *abnégation* » peut être saisi sans accent sur le « e » (abnegation). Voici une copie d'écran illustrant le mode de *recherche plein texte*.

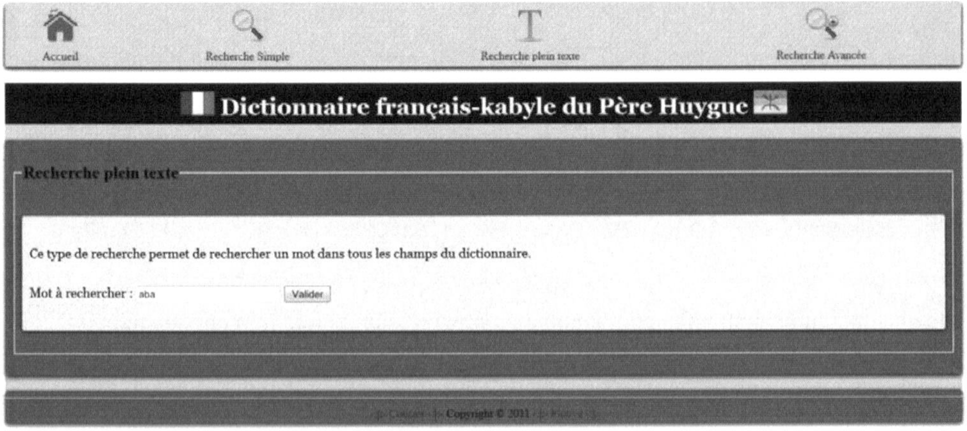

Figure 8. Résultat de la recherche en mode *recherche plein texte*.

L'avantage de ce mode de recherche est de fournir à l'utilisateur une grande quantité d'informations auxquelles il n'aurait pas eu accès lors d'une consultation traditionnelle dans le dictionnaire papier.

3.3.6.3 La recherche avancée

Outre les modes de recherche simple et plein texte, l'interface d'interrogation permet d'effectuer des recherches ciblées dans des sections spécifiques des articles du dictionnaire au moyen de critères multiples. La recherche avancée permet donc une interrogation plus fine de la base de données grâce une analyse minutieuse du dictionnaire. Elle offre à l'utilisateur la possibilité de mener sa recherche en utilisant un ou plusieurs critères situés sous la zone de saisie du menu *recherche avancée* ou alors de saisir librement un mot dans la zone de saisie. Ainsi, l'utilisateur peut limiter sa recherche à un seul critère ou en combiner plusieurs parmi les **dix** critères suivants : catégories grammaticales, exemples, expressions, équivalents kabyles, forme d'habitude, indicateurs sémantiques, marques d'usages, marqueurs entre parenthèses, proverbes et renvois.

L'une des caractéristiques du *Dictionnaire français-kabyle* de Huyghe consiste dans l'abondance des exemples et expressions qu'il propose. L'un de nos objectifs est de valoriser cette richesse pour le lecteur contemporain, avide de témoignages historique et culturel. La fonction *recherche avancée* permet à l'utilisateur, par exemple, de chercher dans les exemples et les expressions un mot ou un groupe de mots donnés. Cependant, s'il est possible de croiser plusieurs critères de recherche, certaines combinaisons pourraient s'avérer non pertinentes comme par exemple combiner le critère « *catégorie grammaticale* » avec « *marque d'usage* ». Des solutions comme le « *Système de Recherche Dynamique* (SRD) »[5] peut être une des solutions pour éviter de telles recherches. Voici une copie d'écran illustrant le mode de la *recherche avancée*.

[5] Le SRD permet de déterminer et de mettre en évidence les critères pertinents en même temps que l'utilisateur sélectionne les critères de sa recherche.

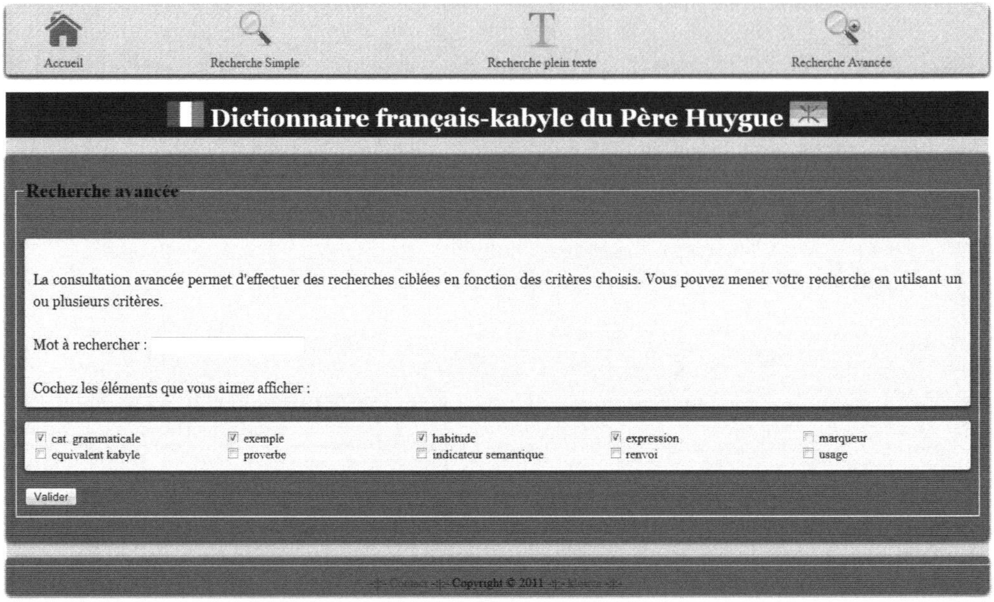

Figure 9. Résultat de la recherche en mode *recherche avancée.*

Ce mode de recherche avancée offre l'avantage d'utiliser les différentes possibilités d'interrogation en multipliant la combinaison des critères. Ce type d'exploitation permet de mener des recherches expertes et ciblées dans le contenu du dictionnaire, ce qui facilite grandement la consultation. Notons enfin que ce mode de consultation inclut la recherche simple. Nous voyons que l'outil offre de nombreuses fonctionnalités qui peuvent être mises au service de la valorisation du patrimoine lexicographique.

Conclusion

La principale qualité de la version informatisée du *Dictionnaire français-kabyle* réside dans le respect de l'édition originale : le contenu textuel de la version papier correspond à celui de la version informatisée. La valeur ajoutée de la version informatisée réside dans les différentes possibilités d'exploitation des informations. Cela est rendu possible grâce au travail de structuration des données effectué en amont. La méthodologie décrite dans cette étude permet aux utilisateurs les moins familiarisés avec le système de balisage de travailler dans une interface simple d'utilisation. L'outil Adobe FrameMaker est une solution permettant aux linguistes ayant des connaissances suffisantes en informatique de procéder à la structuration de leurs corpus. Partant d'un contenu basé sur un document texte, l'interface utilisateur permet de structurer les données de manière souple : l'utilisateur peut choisir de nommer librement les balises et de les appliquer ensuite au texte sélectionné, le tout dans un format hiérarchisé exploitable et transférable dans d'autres applications. Une fois la phase de la structuration terminée, le fichier XML traité par un script PHP permet d'implémenter la base de données. Enfin, une interface Web dynamique donne accès aux informations contenues dans la base de données et permet surtout de formuler des requêtes pour explorer d'une façon fine les informations contenues dans le texte lexicographique. Les trois modes de consultation sont fonction des centres d'intérêts des usagers qui, dans leurs recherches, choisissent tel ou tel mode selon les requêtes saisies desquelles dépendent directement des éléments de réponse.

L'avantage indéniable qu'apporte cette méthodologie tient dans le travail de structuration des données qui est une phase décisive dans l'informatisation des dictionnaires anciens. Les outils informatiques actuels rendent possible, selon une méthodologie simple et économe d'élaboration, l'accès à des ressources inestimables disponibles tant pour les spécialistes de langues que pour le grand public. Au-delà de la sauvegarde d'un patrimoine linguistique commun, la méthodologie décrite dans cette étude permet d'envisager à l'avenir l'actualisation de ces ressources lexicales anciennes. En rendant leur contenu pleinement exploitable, elles pourraient être enrichies facilement par l'ajout des informations manquantes et contribuer avantageusement à la constitution d'outils lexicographiques modernes.

Bibliographie sélective

GASIGLIA Nathalie, 2009, « Évolutions informatiques en lexicographie : ce qui a changé et ce qui pourrait émerger », dans *Changer les dictionnaires, Lexique*, n°19, Villeneuve d'Ascq : Presses universitaires du Septentrion, pp. 235-298.

JACQUET-PFAU Christine, 2005, « Pour un nouveau dictionnaire informatisé », dans Pruvost Jean (dir.), *Dictionnaires et innovations*, *Éla*, n°137, p. 51-71.

LEROY-TURCAN Isabelle, WOOLDRIDGE Russon T., 1997, « L'informatisation des premiers dictionnaires de langue française : les difficultés propres à la première édition du *Dictionnaire de l'Académie française* », dans PRUVOST Jean (éd.), *Les Dictionnaires de langue française et l'informatique*, Université de Cergy-Pontoise : Centre de Recherche Texte/Histoire, pp. 69-86.

Mahtout, M. 2012. *Les dictionnaires bilingues en Algérie pendant la période coloniale, 1830-1930 : histoire, analyse et perspectives d'avenir*, Thèse de l'Université de Rouen, 2 vol.

WOOLDRIDGE Russon T, 1994 « Projet d'informatisation du *Dictionnaire de l'Académie* (1694-1935) », dans QUEMADA Bernard, PRUVOST Jean (éd.), *Actes du Colloque sur le* Dictionnaire de l'Académie française *et la lexicographie institutionnelle européenne*, Paris : Institut de France, pp. 309-320.

Logiciels

Adobe FrameMaker version 12

Omnipage 17 (logiciel de Reconnaissance optique des caractères)

PFM : pour une implémentation de la morphologie de l'ikota dans XMG

Brunelle Magnana Ekoukou
LLL, Université d'Orléans - 10, rue de Tours 45067 Orléans Cedex 2
magnanabrunelle@yahoo.fr

Résumé. Cet article traite de la représentation formelle de la morphologie des noms et des verbes de l'ikota, langue bantoue du Gabon. J'utilise la notion de classes de position (CP) de la PMF (Paradigm Function Morphology), théorie morphologique qui s'intéresse à la flexion. Les noms et les verbes seront représentés en fonction de leurs CP. Ce procédé sera réutilisé dans le langage XMG (eXtensible MetaGrammar) afin d'implémenter la morphologie de cette langue.

Abstract. This article discusses the formal representation of the morphology of nouns and verbs of ikota, bantu language of Gabon. I use the notion of position class (CP) of PFM (Paradigm Function Morphology), morphological theory is interested in the inflection. The nouns and verbs will be represented according to their CP. This process will be re-used in the XMG language (eXtensible MetaGrammar) to implement the morphology of this language.

Mots-clés : PFM, implémentation, morphologie, ikota.

Keywords: PFM, implementation, morphology, Ikota.

1 PFM

PFM fait partie des modèles morphologiques traitant particulièrement de la flexion (Stump, 1992, 1998, 2001). C'est une théorie inférentielle et réalisationnelle qui définit le système flexionnel d'une langue comme une fonction paradigmatique mettant en jeu un lexème et ses propriétés morphosyntaxiques pour déterminer la forme flexionnelle d'un mot. La fonction paradigmatique est considérée comme une règle de réalisation. Il en existe deux types :
- La règle d'exposant spécifie les modifications apportées à la racine d'un lexème ;
- La règle de renvoi reporte la réalisation d'un ensemble de propriétés morphosyntaxiques à celle d'un autre ensemble de propriétés morphosyntaxiques. Cette règle est utilisée dans le cas des phénomènes de syncrétisme, fusion en un seul élément de plusieurs propriétés morphosyntaxiques.

$$n, X_c, t \longrightarrow \int(X)$$

Figure 1: Format de base des règles de réalisation

n représente le numéro du bloc dans lequel la règle s'applique, *X* la racine du lexème, *C* la classe du lexème (sa catégorie), *t* les propriétés morphosyntaxiques du lexème et *ʃ(X)* la forme phonologique résultant de l'application de la règle. Les règles de réalisation sont organisées en blocs (Anderson, 1992; Stump, 2001; Stewart & Stump, 2007) de telle sorte que les règles qui appartiennent au même bloc sont en compétition pour la même position. Cette compétition entre blocs de règles est arbitrée par le principe de *Pānini* (Stump, 1998). Une règle de réalisation peut s'étendre sur plusieurs blocs, on parle dans ce cas de *« portmanteau »*. En plus des règles de réalisation, Stump (2001) introduit le concept de CP. Les CP sont des positions qui constituent la structure préexistante des mots ou des phrases.

2 PFM appliqué à la morphologie de l'ikota

L'ikota (B25) est une langue bantoue, parlée au Gabon et en République du Congo. Au Gabon, cette langue est menacée de disparition principalement en raison de l'influence du français (langue officielle du pays). Cette langue manifeste plusieurs traits (Piron, 1990; Magnana Ekoukou, 2010) :
- C'est une langue tonale avec deux niveaux de hauteur (haut et bas) ;
- C'est une langue à classes nominales, avec dix classes répertoriées. Les classes nominales informent sur la propriété *nombre*. La notion de genre telle qu'elle est perçue dans plusieurs langues européennes n'existe pas en ikota.

Classes nominales	Exposants
1	mò, -
2	bà
3	mò, ǹ
4	mè
5	ì, ʤ
6	mà
7	è
8	bè
9	-
14	bò, ò

Table 1: Classes nominales de l'ikota

2.1 Les noms

Le nom en ikota se compose de deux CP. La CP 1 marque l'exposant nominal. La CP 2 marque le stem :

	1		2
Nom:	Exposant nominal	-	Stem

(1) mò - tò ⟶ mòtò "homme"
è - dó ⟶ èdó "hache"

La CP 1 peut être vide contrairement à la CP 2 :

(2) - ndú ⟶ ndú "tambour"
mà - ndú ⟶ màndú "tambours"

Des règles de réalisation peuvent être établies car les CP du nom marquent une information et une seule. Comme les règles ne peuvent introduire qu'un exposant à la fois, les classes qui ont une CP 1 occupée par plus d'un exposant vont être fractionnées en sous-classes. Je suis donc amenée à revoir en partie la classification traditionaliste et à diviser par exemple la classe 1 en sous classes 1a et 1b, la classe 3 en sous-classes 3a, 3b et 3c, la classe 5 en sous-classes 5a et 5b, et enfin la classe 14 en sous-classes 14a et 14b. Pour les noms de classe 1a par exemple, on aura la règle suivante :

1- X_N,σ:{Cl1a} $\longrightarrow$ *mò*X

la règle 1 réalise la propriété {*classe 1a*} par la préfixation de *mò* à la racine d'un lexème de catégorie *N*.

2.2 Les verbes

Les verbes de l'ikota sont répartis dans trois groupes en fonction des suffixes verbaux. Dans la conjugaison, les suffixes verbaux sont à l'origine d'un phénomène d'harmonie vocalique. Les tableaux (2), (3) et (4) montrent l'analyse des CP de trois verbes conjugués à la première personne.

1	2	3	4	5	6	7	Valeur
m-	à-	ʤ			-á		présent
m-	à-	ʤ			-á	-ná	passé d'hier
m-	à-	ʤ			-á	-sá	passé lointain
m-	é-	ʤ			-à		passé récent
m-	àmò-	ʤ			-á		passé moyen
m-	é-	ʤ		-ák	-à		futur moyen
m-	é-	ʤ		-ák	-à	-ná	futur de demain
m-	é-	ʤ		-ák	-à	-sá	futur lointain
m-	ábí-	ʤ		-ák	-à		futur imminent

Table 2: Conjugaison de bòʤákà « manger » (groupe 1)

1	2	3	4	5	6	7	Valeur
m-	à-	w			-ɛ́		présent
m-	à-	w			-ɛ́	-nɛ́	passé d'hier
m-	à-	w			-ɛ́	-sɛ́	passé lointain
m-	é-	w			-ɛ̀		passé récent
m-	àmò-	w			-ɛ́		passé moyen
m-	é-	w		-ɛ́ʧ	-ɛ̀		futur moyen
m-	é-	w		-ɛ́ʧ-	ɛ̀	-nɛ́	futur de demain
m-	é-	w-		-ɛ́ʧ	-ɛ̀	-sɛ́	futur lointain
m-	ábí-	w		-ɛ́ʧ	-ɛ̀		futur imminent

Table 3: Conjugaison de bòwɛ́ʧɛ̀ « donner » (groupe 2)

1	2	3	4	5	6	7	Valeur
m-	à-	bɔ́n			-ɔ́		présent
m-	à-	bɔ́n			-ɔ́	-nɔ́	passé d'hier
m-	à-	bɔ́n			-ɔ́	-sɔ́	passé lointain
m-	é-	bɔ́n			-ɔ̀		passé récent
m-	àmò-	bɔ́n			-ɔ́		passé moyen
m-	é-	bɔ́n		-ɔ́k	-ɔ̀		futur moyen
m-	é-	bɔ́n		-ɔ́k	-ɔ̀	-nɔ́	futur de demain
m-	é-	bɔ́n		-ɔ́k	-ɔ̀	-sɔ́	futur lointain
m-	ábí-	bɔ́n		-ɔ́k	-ɔ̀		futur imminent

Table 4: Conjugaison de bòbɔ́nɔ́kɔ̀ « choisir » (groupe 3)

De ces tableaux, il ressort que les formes verbales de l'ikota sont composées de sept CP :
- La CP 1 marque l'indice sujet ;
- La CP 2 est occupée par une exposant ayant rapport au temps ;
- La CP 3 marque le stem ;
- La CP 4 marque la voix. Cette position est vide à la voix active et pleine à la voix passive ;
- La CP 5 marque l'aspect (progressif ou non) ;
- La CP 6 est occupée par un exposant qui marque la voyelle thématique ;
- La CP 7 marque l'éloignement.

Le tableau (5) présente la structure du verbe en ikota.

Indice sujet-	Indice temporel-	Stem	-(Voix)	-(Aspect)	-Voyelle thématique	-(Éloignement)

Table 5: Structure du verbe

Étant donné que la CP 2 a un statut ambigu, aucune règle ne sera proposée pour les verbes. Un temps verbal sera considéré comme la concaténation simultanée de plusieurs CP.

3 PFM et l'implémentation dans le langage XMG

XMG est à la fois un langage formel et un logiciel de compilation de méta-grammaire (Crabbé *et al.*, 2012). Conçu à l'origine pour décrire les grammaires d'arbres adjoints (Duchier *et al.*, 2005; Parmentier *et al.*, 2006), XMG a déjà été utilisé pour décrire la morphologie verbale de l'ikota (Duchier *et al.*, 2012). PFM permet l'implémentation de la morphologie de l'ikota dans XMG car son concept de CP et ses règles de réalisation (en ce qui concerne les noms) peuvent être réutilisés dans XMG. La formalisation dans XMG utilise la notion de *domaine topologique* (Bech, 1955) qui consiste en une séquence linéaire de champs organisée dans des blocs[1] élémentaires. Un bloc élémentaire va fournir deux types d'informations : l'information sur la phonologie qui prend en compte la forme phonologique lexicale des items (exposant nominal et stem) et l'information sur la flexion qui prend en compte les propriétés morphosyntaxiques

[1] Le bloc dans le langage XMG fait référence à une règle qui définit comment une abstraction peut être décrite

propres à chaque item. Dans le langage XMG, à un champ doit correspondre un item et un seul qui représente la forme phonologique lexicale d'un exposant.

3.1 PFM et l'implémentation des noms

En s'inspirant de la notion de CP, le nom dans le langage XMG est défini comme la concaténation de deux blocs élémentaires. Le premier bloc représente la forme phonologique de l'exposant et son trait morphosyntaxique. Le second bloc représente le stem. Le tableau (6) montre la structure du nom dans le langage XMG.

1 ⟶ Préfixe	$\wedge$	2 ⟶ RN (racine nominale)
nc		

Table 6: Structure du nom en XMG

Le trait *nc* fait référence à la classe nominale. Comme en PFM, la description dans le langage XMG va utiliser des règles permettant d'introduire les exposants en CP 1. Pour les noms de classe 1a par exemple on aura la notation suivante :

```
class prefix
{
                    <morph>{
                    {
                    { nc=C1a; prefix <- "mò"}
             }
}
```

Cette notation veut dire que lorsque la classe est 1a, *mò* doit être préfixé à la racine nominale.

3.2 PFM et l'implémentation des verbes

Duchier *et al.* (2012) proposent d'implémenter les verbes de l'ikota en s'appuyant sur le concept de CP. Aux sept CP relevées dans le tableau (5) va correspondre sept blocs élémentaires dans XMG :

PFM	XMG
1. Indice sujet	Subject
2. Indice temporel	Tense
3. Stem	RV (racine verbale)
4. Voix	Voice
5. Aspect	Aspect
6. Voyelle thématique	Theme
7. Éloignement	Proximal

Table 7: Correspondance de la structure du verbe en PFM et XMG

Le tableau (8) montre la description de *méʤákàná* « je mangerai (futur de demain) » dans le langage XMG. Cette forme verbale résulte de la concaténation simultanée de sept CP :

1 ⟵ m	2⟵é	3⟵ʤ	4⟵nul	5⟵Ák	6⟵À	7⟵ nÁ
p = 1 n = sg	tense = futur	g1	active = +	tense = futur prog = -	theme = g1	proxi = day

Table 8: Formalisation de *méʤákàná* « je mangerai (futur de demain) »

4 Conclusion et perspectives

En utilisant PFM, je me suis intéressée dans cet article à l'établissement de l'ordre des positions dans un mot flexionnel (verbal ou nominal). Ce procédé a permis d'implémenter la morphologie. Toutes les catégories grammaticales (adjectifs, connectifs, déterminants (démonstratifs et possessifs) etc.,) de l'ikota sont susceptibles d'être décrites dans ce formalisme car, comme les noms et les verbes, elles peuvent être représentées sous forme de CP. L'adjectif *ùnɛ́nɛ̀* « grand » par exemple se compose de deux CP : la CP 1 marque l'exposant nominal et la CP 2 marque le stem. La description de la conjugaison de trois verbes à l'actif et au passif, en incluant la négation, permet d'obtenir environ 600 formes verbales fléchies. celles-ci peuvent être exportées au format XML pour une éventuelle réutilisation. Pour une langue peu dotée comme l'ikota, il serait intéressant de pouvoir produire de manière automatique des ressources lexicales monolingues ou bilingues par exemple comme cela est fait en LMF (Lexical Markup Framework).

Références

ANDERSON S. (1992). *A-morphous morphology*, volume 62. Cambridge University Press.

BECH G. (1955). Studien über das deutsche verbum infinitum. *Danske Videnskabernes Selskab.*

CRABBÉ B. & AL. (2003). Une plateforme de conception et d'exploitation de grammaire d'arbres adjoints lexicalisés. In *Actes de la conférence TALN'2003.*

CRABBÉ B., DUCHIER D., GARDENT C., LE ROUX J. & PARMENTIER Y. (2012). Xmg : extensible metagrammar. *Computational Linguistics*, p. 1–39.

CRABBÉ, B. ET DUCHIER D. (2005). Metagrammar redux. In *Constraint Solving and Language Processing*, p. 32–47. Springer.

DUCHIER D., LE ROUX J., PARMENTIER Y. & NANCY H. (2005). Xmg : Un compilateur de méta-grammaires extensible. *Actes de TALN 05.*

DUCHIER D., MAGNANA EKOUKOU B., PARMENTIER Y., PETITJEAN S., SCHANG E. *et al.* (2012). Décrire la morphologie des verbes en ikota au moyen d'une métagrammaire. *JEP-TALN-RECITAL 2012*, p.9̃7.

MAGNANA EKOUKOU B. (2010). *Morphologie nominale de l'ikota : inventaire des préfixes de classes nominales.* Mémoire de master 2, université d'Orléans.

PARMENTIER Y., LE ROUX J. & CRABBÉ B. (2006). Xmg: an expressive formalism for describing tree-based grammars. In *Proceedings of the Eleventh Conference of the European Chapter of the Association for Computational Linguistics : posters & demonstrations*, p. 103–106: Association for Computational Linguistics.

PIRON P. (1990). *Éléments de description du kota, langue bantoue du Gabon*. Mémoire de licence spéciale africaine, université libre de Bruxelles.

STEWART T. & STUMP G. (2007). Paradigm function morphology and the morphology-syntax interface. In *The Oxford handbook of linguistic interfaces*: Citeseer.

STUMP G. (1992). On the theoretical status of position class restrictions on inflectional affixes. In *Yearbook of Morphology 1991*, p. 211–241. Springer.

STUMP G. (1998). Inflection. *The handbook of morphology*, p. 13–43.

STUMP G. (2001). *Inflectional morphology : a theory of paradigm structure*. Cambridge University Press.

()

Un vérificateur orthographique pour la langue bambara

Jean-Jacques Méric [1]
(1) INALCO, Étudiant, Département Afrique,
65 rue des Grands Moulins - CS21351 - 75214 PARIS cedex 13
jjmeric@free.fr

Résumé. Un vérificateur orthographique et thesaurus pour le bambara (bamanankan) réalisé à partir d'un dictionnaire électronique de la langue bambara, Bamadaba[1], adapté à un moteur de vérification standard, Hunspell[2], et donc disponible pour Libre Office, Open Office, Neo Office, Mozilla Firefox et Thunderbird, (sur leurs sites web respectifs) ainsi que pour Adobe Indesign et les autres logiciels intégrant Hunspell. L'adaptation a porté essentiellement sur les règles de flexion, dérivation et composition (langue agglutinante), ainsi que sur le dictionnaire des synonymes et variantes. La vérification ne tient pas compte des tons, ce qui poserait des problèmes d'acceptation. Une attention particulière est portée sur les propositions d'orthographe correcte pour les erreurs d'usage les plus fréquentes (forums et blogs). Projets pour les mobiles et pour les logiciels utilisant leurs propres moteurs, et pour l'écriture en N'ko.

Abstract. A spell-checker and thesaurus for the Bambara language (Bamanankan), based on an electronic version of a dictionary of Bambara, Bamadaba, ported to a standard spell-check engine, Hunspell, and made available (through their respective web sites) for Libre Office, Open Office, Neo Office, Mozilla Firefox and Thunderbird, as well as Adobe Indesign and other software using the Hunspell engine. The port concerns essentially rules of inflection, derivation and composition (Bamanankan being an agglutinative language), as well as the compilation of a thesaurus for synonyms and variants. Tones are not checked, mainly because they are currently not indicated in text published in Mali. A special attention is paid to the most frequent errors in current usage (forums and blogs) : appropriate suggestions have been made. Future work is to be done for mobile use and software using specific spell-check engines, and the N'ko script.

Mots-clés : Vérificateur, orthographe, bambara, Afrique
Keywords: Spell-checker, dictionary, Bambara, Africa

1 Le moment opportun

Environ 40 langues bénéficient du support d'un correcteur orthographique, parfois avec un luxe d'options : variétés régionales, support des césures, dictionnaire des synonymes, vérification grammaticale. Seules 3 langues africaines pouvaient jusqu'à présent prétendre intégrer ce groupe : le swahili (Afrique de l'Est), le shona (Zimbabwe), le malagasy (Madagascar). Le bambara (Afrique de l'Ouest) devient la quatrième.

Malgré l'échec de l'apprentissage scolaire du bambara, c'est une des langues mandingues le plus en expansion et dont le statut de "lingua franca" dans la région est le plus affirmé. La connaissance linguistique de cette langue a continué de progresser, notamment sous l'impulsion de la revue Mandenkan, et a atteint ces dernières années un nouveau palier avec la publication de dictionnaires importants (Bailleul, 2007 ; Dumestre, 2011) et de grammaires approfondies (Dumestre, 2003). Ce sont les travaux du professeur Vydrine et de toute une équipe qui ont ouvert une nouvelle étape en mettant à la disposition des chercheurs ces dictionnaires sous forme électronique, dictionnaires qui s'enrichissent à présent grâce à la mise en place de son Corpus bambara de référence et de son alimentation régulière : c'est l'étude de ce Corpus qui permet à présent un nouveau degré dans la compréhension du vocabulaire et de la grammaire bambara.

1 http://cormand.tge-adonis.fr/

2 http://en.wikipedia.org/wiki/Hunspell

C'est dans ce contexte de maturation, que l'idée d'un correcteur orthographique pour la langue bambara (Enguehard, Koné, 2010) a pu mûrir et aboutir à un outil utilisable, outil dont l'ambition est de faciliter la production de textes, qui viendront eux-mêmes à leur tour enrichir le Corpus.

2 Utiliser des outils standards et adaptés

HUNSPELL, créé à l'origine par Lazlo Nemeth, est un moteur de correcteur orthographique "libre" :

- standard, en particulier utilisant le standard Unicode/UTF-8. Il était également important de prendre en compte le fait que le bambara est une langue tonale : ces tons sont marqués par des diacritiques, ce qui nécessite aussi Unicode. Le projet initial n'est pas de diffuser un vérificateur d'orthographe tonal, ce qui poserait de gros problèmes d'acceptation, l'usage étant de ne pas les noter, mais la possibilité devait être préservée. Ainsi que la possibilité d'utiliser un autre alphabet que l'alphabet bambara latin : l'alphabet N'ko. Malgré les inévitables difficultés spécifiques, nous avons pu réaliser également des prototypes tout à fait fonctionnels de vérificateur tonal et de vérificateur en N'ko. Nous utilisons également en interne un vérificateur adapté à l'ancien alphabet bambara (avant 1983) ce qui nous aide à alimenter le Corpus en textes imprimés à l'époque.

- adapté à un aspect important du bambara : comme le hongrois (origine de Hunspell), le bambara fait la part belle à la composition, procédé très productif de création de noms et de verbes.

Hunspell a l'avantage d'être intégré à de nombreux outils :

- de traitement de texte : Open Office, Libre Office, Neo Office ;

- de navigation web : Firefox, Chrome,.. ;

- de messagerie : Thunderbird ;

- de mise en page : Adobe Indesign ;

- de ROC : Tesseract (utilisé pour l'alimentation du Corpus bambara de référence!) ;

… et sur les 3 plate-formes principales : Windows, Mac OsX, Linux, mais des adaptations existent également pour les tablettes et mobiles IOS et Androïd, vers lesquels nous portons notre attention.

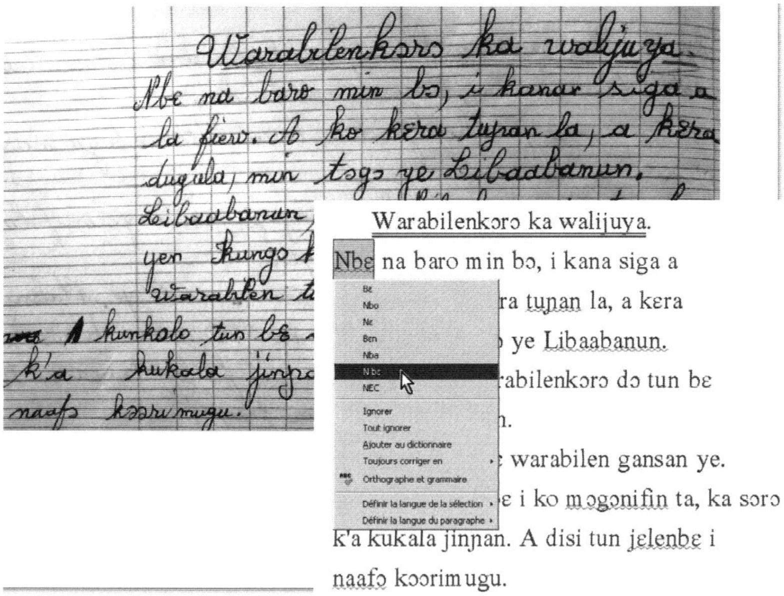

Figure 1: Manuscrit saisi sur ordinateur avec vérificateur orthograhique

J'ai repris un prototype d'Andrij Rovenchak (Université de Lviv, Ukraine) pour en faire un outil utilisable, et aujourd'hui distribué sur les sites internet des logiciels mentionnés plus haut.

3 Description de la solution

Il s'agit pour l'essentiel de fournir au moteur Hunspell deux fichiers :

- un dictionnaire, reformaté pour Hunspell ; ce dictionnaire est à l'origine la version électronique du dictionnaire de Charles Bailleul paru en 2007, sans cesse remanié et enrichi au fur et à mesure de l'enrichissement du Corpus de référence Bambara.

- un fichier des affixes : Dans ce fichier sont formalisées toutes les règles de flexion, dérivation et composition telles que décrites le plus précisément possible dans une grammaire de la langue : il est essentiel d'avoir une grammaire complète et cohérente.

Ces deux fichiers travaillent en tandem : chaque mot du dictionnaire fait référence à une ou plusieurs règles décrites dans le fichier des affixes : il s'agit des règles applicables à ce mot, **chaque règle est désignée par une lettre de l'alphabet**. Les mêmes groupes de règles sont applicables en général selon la nature des mots, par exemple : la marque du pluriel est compatible avec les noms ou les adjectifs, les suffixes aspectuels se combinent avec les verbes. Mais elles peuvent être individualisées pour des mots particuliers. Si un mot ne fait référence à aucune règle, c'est qu'il est réputé invariable et non susceptible d'être combiné dans une forme composée.

Illustration pour le mot *baarakɛlaw* 'travailleurs', qui, pour être accepté par le vérificateur orthographique, fait entrer en jeu deux règles de composition pour joindre *baara* 'travail' et *kɛ* 'faire', une règle de dérivation en nom d'agent pour *la* 'celui qui fait l'action', et une règle de pluriel pour la marque du pluriel *w*.

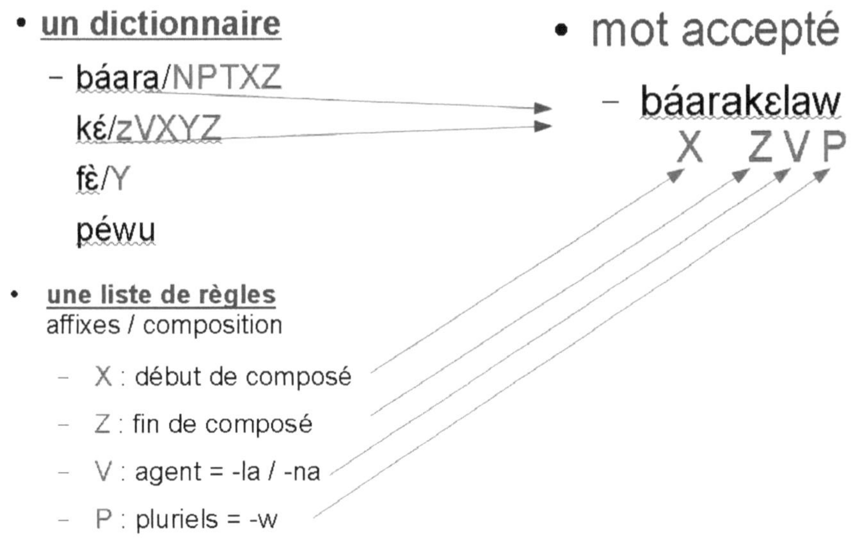

Figure 2 : Assemblage d'un mot composé en bambara

4 Les aspects pratiques.

Outre la technique, deux aspects méritent attention :

4.1 acceptabilité : le vérificateur orthographique ne doit pas trop faire sentir sa présence.

Le bambara n'est pas une langue figée : répandue sur un vaste territoire, elle y côtoie de nombreuses autres langues (17 langues nationales au Mali : peul, maninka, … et français), et elle bouge vite. Les créateurs des grands dictionnaires cités ont eu la sagesse de noter toutes les variantes rencontrées : voyelles longues, nasales et autres modifications. Nous avons conservé toutes ces variantes dans le dictionnaire fourni à Hunspell : leur utilisation est acceptée et n'est pas sanctionnée par un soulignement en rouge intempestif. Seul le dictionnaire des synonymes indique, à qui le consulte en cas d'hésitation, la forme considérée comme "canonique" à l'instant présent. Ce qui ne préjuge pas de ce qu'une étude future des pratiques, à l'aide du Corpus, définira comme celle la plus fréquente ou la plus justifiée. C'est déjà arrivé !

Les composés : ceux-ci obéissent à une série de modèles très limités qui contraignent la formation par ailleurs très libre de noms et de verbes composés. Notre inquiétude initiale était que celles-ci n'étaient qu'imparfaitement couvertes par les règles de composition offertes par Hunspell. Un certain "laxisme" existe donc dans la manière dont le vérificateur soumet les composés à ses inspections ; en pratique toutefois, il est important que le vérificateur ne soit pas trop intrusif : le gain en acceptabilité compense largement les efforts de maintenance et de corrections de bugs inhérents à des contrôles trop exhaustifs.

Le langage courant : la quasi absence d'éducation à l'orthographe du bambara à l'école a laissé le champ libre à des façons étranges d'écrire les mots les plus courants. Nous observons régulièrement les blogs et autres forums d'expression et vérifions quelles suggestions de correction est capable de faire le vérificateur orthographique : sont-elles pertinentes ? Si ce n'est pas le cas, nous enrichissons le vérificateur - actuellement quelques centaines de suggestions, par exemple : pour *mousso* : *muso*, pour *dokotoroso* : *dɔkɔtɔrɔso*.

L'environnement d'écriture du bambara doit de préférence être en bambara lui-même. S'il n'entre pas dans le cadre d'un projet de vérificateur de faire la "localization" des menus d'un traitement de texte (un autre de nos projets), nous en avons tenus comte dans le Dictionnaire des synonymes, où les mots de "synonymes", "variantes", et les termes de description grammaticale des mots (parties du discours), sont en bambara ; des exemples d'utilisation sont donnés.

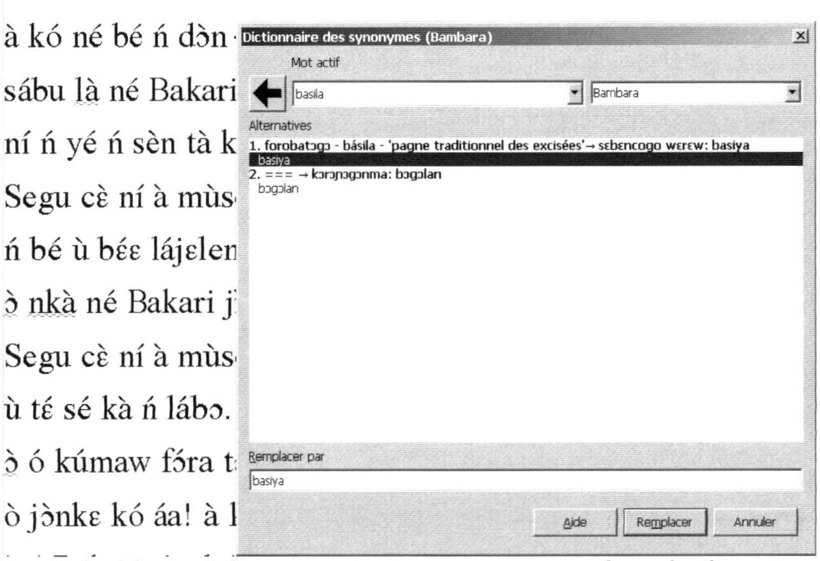

Figure 3 : Le thésaurus indique une variante et un synonyme pour le mot basila

En cela, préserver cette acceptabilité revient à mettre en pratique, au niveau de la production de texte, l'idéologie qui préside au Corpus de référence bambara : "fixer plutôt que normaliser", permettre "de représenter dans le Corpus la pratique langagière bambara telle qu'elle est en réalité." (Vydrine 2014)

4.2 Routine : la mise à jour du vérificateur orthographique doit être facile

Si nous nous plaçons à présent du côté de ceux qui fournissent le vérificateur, les efforts consentis initialement pour le prototype : laborieuses extractions, longues annotations et compilations manuelles... ne sont pas acceptables à long terme : le dictionnaire Bamadaba évolue chaque mois, et parfois plusieurs itérations, les versions du vérificateur doivent pouvoir suivre, sinon ce rythme, au moins chaque trimestre. Il est important d'automatiser : actuellement, un seul programme permet de générer en quelques minutes le dictionnaire nécessaire à toute nouvelle version de Bamadaba.

Pour l'utilisateur assidu, il doit être facile de passer à la nouvelle version. C'est le cas : supprimer l'ancienne version, ajouter la nouvelle, redémarrer l'application.

5 Utilisation en pratique et retours sur expérience

La diffusion publique du vérificateur orthographique, non plus à travers notre propre site spécialisé mais à travers les sites des éditeurs de logiciels (Apache Open Office, Libre Office, Mozilla...) a été accompagné par une série d'articles sur le blog malien fasokan.org, blog primé en 2012 (Best Of Blogs award). On ne peut pas encore parler de diffusion massive, mais il s'agit quand même de quelques centaines de téléchargements.

Cela a cependant permis un premier contact tout à fait excitant : Le projet international dokotoro.org a sollicité notre aide. Une équipe de plusieurs rédacteurs maliens travaille à la publication d'un manuel de médecine de campagne en bambara, et le problème qui se posait était d'assurer une homogénéité dans la qualité de bambara écrit ; un vérificateur leur a paru d'une aide précieuse. Il s'ensuit des échanges enrichissants sur le vocabulaire médical.

Nous mettons à profit également le vérificateur "en interne" dans le processus d'alimentation du Corpus : de nombreux textes, imprimés anciens ou manuscrits (illustration de la première page) sont saisis par des dactylos, ou scannés par reconnaissance optique de caractères (ROC ou, en anglais, OCR), le vérificateur permet d'améliorer le contrôle qualité de ces textes sous forme électronique, avant leur analyse et entrée dans le Corpus de référence Bambara ; c'est en fait une boucle qui se met en place : les textes analysés qui alimentent le Corpus permettent d'enrichir le dictionnaire, ce qui permet d'améliorer l'OCR et le vérificateur, etc.

Produire plus de textes en bambara : Ce projet de vérificateur s'ajoute à d'autres projets qui poussent dans le même sens, comme par exemple les claviers permettant la saisie des caractères de l'alphabet bambara[3].

Si l'intention était d'aider les rédacteurs potentiels à produire plus de textes en bambara, nous n'en sommes certes pas encore là, d'autant que d'autres obstacles existent : sur le plan culturel, la façon dont la langue est perçue ; sur le plan de l'éducation, la façon dont elle est enseignée ; enfin sur le plan des outils informatique, la faible diffusion des ordinateurs de l'utilisation d'internet, la préférence d'utilisation de Word, voire, dans les blogs et forums, l'utilisation de mobiles...

Nous restons toutefois portés par l'enthousiasme des quelques contacts que nous avons au Ministère de l'éducation et des langues nationales, qui en perçoivent au moins l'intérêt pédagogique[4], ce qui nous pousse à développer d'autres projets ludiques s'appuyant sur le Corpus, en particulier : un Scrabble en bambara[3], des mots croisés générés automatiquement. Et nous commençons à en percevoir les effets sur la qualité du bambara écrit sur le blog mentionné plus haut, qui est une des sources "bambara contemporain" du Corpus bambara de référence.

Enfin, de même que nous pensons appliquer à d'autres langues (malinké, Nk'o) l'expérience acquise avec le vérificateur bambara, nous sommes prêts à partager celle-ci avec quiconque voudrait se lancer dans cette aventure.

---

3 http://www.mali-pense.net/Ressources-pour-la-pratique-du.html (Ressources pour la pratique du bambara écrit)

4 intérêt documenté dans quelques rares études (apprenants 2ème langue, avec encadrement pédagogique 1ère langue)

Références

Bailleul C. (2007) *Dictionnaire bambara-français*. Bamako: Editions Donniya

Dumestre G. (2011) *Dictionnaire bambara-français*. Paris: Karthala

Dumestre G. (2003) *Grammaire fondamentale du bambara*. Paris: Karthala

Dumestre G. (2006) *Bamanankan Maben [grammaire du bambara, en bambara, rédigée avec un groupe de linguistes et pédagogues maliens]*. Bamako: Editions Donniya

Enguehard C., Kané S. (2010) *Langues africaines et communication électronique : développement de correcteurs orthographiques*. Laboratoire d'Informatique de Nantes-Atlantique – Nantes- France/Centre National des Ressources de l'Education Non Formelle – Bamako – Mali

Vydrine V. (2014) *Instructions pour le Corpus bambara*. Paris: non publié

Etude et conception d'un correcteur orthographique pour la langue haoussa

Lawaly Salifou et Harouna Naroua

Département de Mathématiques et Informatique, Faculté des Sciences et Techniques
Université Abdou Moumouni, BP 10662 – Niamey, NIGER
salifoumma@yahoo.fr, hnaroua@yahoo.com

Résumé. Dans cet article, un correcteur d'orthographe a été conçu, développé et testé pour la langue haoussa qui est la deuxième langue la plus parlée en Afrique et ne disposant encore pas d'outils de traitement automatique. La présente étude est une contribution pour le traitement automatique de la langue haoussa. Nous avons mis en œuvre les techniques et méthodes prouvées pour d'autres langues afin de concevoir un correcteur orthographique pour le haoussa. Le correcteur conçu au bout de ce travail exploite pour l'essentiel le dictionnaire de Mijinguini et les caractéristiques de l'alphabet haoussa. Après un état des lieux sur la correction orthographique et l'informatisation du haoussa, nous avons opté pour les structures de données trie et table de hachage pour implanter le dictionnaire. La distance d'édition et les spécificités de l'alphabet haoussa ont été mises à profit pour traiter et corriger les erreurs d'orthographe. L'implémentation du correcteur orthographique a été faite sur un éditeur spécial développé à cet effet (LyTextEditor) mais aussi comme une extension (add-on) pour OpenOffice.org. Une comparaison a été faite sur les performances des deux structures de données utilisées.

Abstract. In this paper, we have designed, implemented and tested a spell corrector for the Hausa language which is the second most spoken language in Africa and do not yet have processing tools. This study is a contribution to the automatic processing of the Hausa language. We used existing techniques for other languages and adapted them to the special case of the Hausa language. The corrector designed operates essentially on Mijinguini's dictionary and characteristics of the Hausa alphabet. After a careful study of the existing spell checking and correcting techniques and the state of art in the computerization o f the Hausa language, we opted for the data structures trie and hash table to represent the dictionary. We used the edit distance and the specificities of the Hausa alphabet to detect and correct spelling errors. The implementation of the spell corrector has been made on a special editor developed for that purpose (LyTexEditor) but also as an extension (add-on) for OpenOffice.org. A comparison was made on the performance of the two data structures used.

Mots-clés: Traitement automatique des langues, informatisation du haoussa, langues africaines, correcteur orthographique.

Keywords: Natural Language Processing, computerization of Hausa, African languages, spell checker, spell corrector .

1 Introduction

Le traitement automatique des langues naturelles (TALN) a plusieurs applications industrielles dont, entre autres, la vérification et la correction de l'orthographe et de la grammaire, l'indexation de texte et l'extraction d'informations à partir d'Internet, la reconnaissance vocale, la synthèse vocale, le contrôle vocal des robots domestiques, les systèmes de réponse automatique et la traduction automatique (Kukich, 1992) et (Pierre, 2006). Parmi ces applications, la correction orthographique est de loin la plus répandue. En effet, elle est intégrée à des outils informatiques utilisés chaque jour par des millions de personnes à travers le monde. Les programmes informatiques concernant l'orthographe sont de deux sortes : les vérificateurs d'orthographe et les correcteurs orthographiques. Un vérificateur d'orthographe détecte, dans un texte donné en entrée, les mots qui sont incorrects. Un correcteur orthographique détecte en même temps les erreurs d'orthographes et cherche le mot correct le plus probable (Peterson, 1980). La correction peut être automatique, dans le cas d'un synthétiseur vocal par exemple, ou interactif permettant à l'utilisateur de choisir le mot voulu parmi plusieurs suggestions (Kukich, 1992). Cette deuxième approche est celle de la plupart des logiciels de traitement de texte. Des tels programmes sont généralement conçus pour fonctionner pour une langue donnée. La correction orthographique est, de nos jours, quasi-présente dans toutes les applications informatiques où du texte est appelé à être entré par l'utilisateur. Celui-ci est généralement avisé d'une saisie incorrecte par un soulignement en rouge du mot erroné. Comme exemples de telles applications, nous pouvons citer : les logiciels de traitement de texte, les clients de messagerie, les éditeurs de code source et les environnements de programmation, les moteurs de recherche sur Internet. Les causes d'erreurs sont de plusieurs ordres et on rencontre plus d'une façon de les classifier (Suzan, 2002). Les plus importantes causes sont l'ignorance de l'auteur, les erreurs typographiques et les erreurs de transmission et de stockage (Peterson, 1980). Un correcteur orthographique accomplit deux fonctions essentielles, l'une après l'autre : la détection d'abord et ensuite la correction d'erreurs d'orthographe. Les méthodes de détection et de correction fonctionnent selon trois approches (Kukich, 1992):

- La détection d'erreurs consistant en des mots orthographiquement étrangers à la langue par exemple 'grafe' écrit à la place de 'girafe'.
- La correction de mot isolé qui consiste à corriger le mot précédemment détecté en le considérant seul sans tenir compte des mots qui l'entourent.
- La détection et la correction contextuelles d'erreurs où chaque mot est considéré en tenant compte du contexte. Ce qui permet de corriger les erreurs orthographiques même quand elle consiste en des mots présents dans la langue mais qui sont mal placés. C'est le cas par exemple du mot 'dessert' saisi à la place de 'désert'.

2 Techniques et algorithmes de détection et de correction d'erreurs

La recherche de solutions au problème de correction orthographique de texte est restée, depuis longtemps, un défi. Plusieurs chercheurs se sont penchés sur le problème et, grâce à leurs efforts, diverses techniques et de nombreux algorithmes ont vu le jour. La détection d'erreurs consiste à trouver les mots orthographiquement incorrects dans un texte. Un mot considéré comme erroné est alors marqué par l'application chargée de vérifier l'orthographe. Si le mot est vraiment erroné – parce que ce n'est pas toujours le cas – on dit qu'une erreur est détectée. Les recherches dans ce domaine ont été effectuées par de nombreux auteurs comme (Enguehard et al., 2011). Les principales techniques utilisées pour l'identification de mots erronées dans un texte sont soit basées sur l'analyse des n-grammes, soit sur la recherche dans un dictionnaire (Kukich, 1992). Un algorithme pour la détection à base d'un dictionnaire est donné par (Peterson, 1980).

La table de hachage est l'une des structures de données la plus utilisée pour réduire le temps de réponse lors de la recherche dans un dictionnaire (Kukich, 1992). L'idée de la table de hachage fut introduite pour la première fois en 1953 (Knuth, 1973). Elle a l'avantage de permettre, grâce au code de hachage, un accès sélectif au mot recherché. Ce qui réduit considérablement le temps de réponse. Mais l'inconvénient majeur est de trouver une fonction de hachage qui admette très peu de collisions et qui donne des indices régulièrement répartis dans l'intervalle considéré.

Les arbres binaires de recherche sont surtout utiles pour vérifier si un mot donné fait partie d'un ensemble plus large de mots qui est ici le dictionnaire. Il existe plusieurs variantes d'arbres binaires de recherche qui ont été utilisés aux fins d'accélérer la recherche dans un dictionnaire dans le cadre de la vérification orthographique.

Les automates finis ont également été utilisés dans certains algorithmes de recherche dans un dictionnaire ou dans un texte. L'un des algorithmes célèbres dans ce domaine est celui de (Aho, Corasick, 1975). L'algorithme consiste à avancer dans une structure de données abstraite appelée dictionnaire qui contient le ou les mots recherchés en lisant les lettres du texte une par une. La structure de données est implantée de manière efficace, ce qui garantit que chaque lettre du texte n'est lue qu'une seule fois. Généralement le dictionnaire est implanté à l'aide d'un trie ou arbre digital auquel on rajoute des liens suffixes. Un trie peut être vu comme la représentation de la fonction de transitions d'un automate fini déterministe. Une fois le dictionnaire implanté, l'algorithme a une complexité linéaire en la taille du texte et des chaînes recherchées.

Bien que la technique des n-grammes calculés à partir d'un dictionnaire soit bonne, elle offre moins de précision que les techniques utilisant toutes les informations du dictionnaire. Mais ces dernières s'avèrent gourmandes en temps lorsque la structure de données implémentant le dictionnaire est mal choisie. Une étude comparative a prouvé que la table de hachage offre des meilleures performances que l'AVL tree, le Red-Black tree et la Skip list (Mark, 2009). La comparaison de cinq structures de données a été effectuée dans le cadre du dictionnaire Punjabi (Lehal, Singh, 2000). Il s'agit de l'arbre binaire de recherche, le trie, le 'ternary search tree', le 'multi-way tree' et le 'reduced memory method tree'. Il en résulte que l'arbre binaire de recherche (ABR) est la structure de donnée la plus convenable en termes de mémoire utilisée et de temps. Mais l'ABR est limité lorsqu'il s'agit de suggérer une liste de candidats pour la correction ou de trouver tous les mots différents d'une ou de deux lettres. Cette limitation peut être levée par l'utilisation d'un trie qui offre pratiquement la même complexité en temps que l'ABR. Les deux structures de données les mieux indiquées pour implémenter un dictionnaire seraient la table de hachage et le trie.

La correction d'erreurs fait référence au fait de doter les vérificateurs orthographiques de la capacité à corriger les erreurs détectées. Cela consiste à trouver les mots du dictionnaire (ou lexique) qui sont similaires d'une certaine façon au mot mal orthographié. La tâche d'un correcteur orthographique se compose donc de trois sous-tâches : détecter les erreurs, générer les corrections possibles et classer les corrections suggérées. Pour y arriver, une variété de techniques fut inventée. Chacune d'elles est apparentée soit à la correction de mot inconnu, soit à la correction de mot mal placé, ou aux deux à la fois. Les erreurs d'orthographe peuvent être d'ordre typographique, cognitif ou phonétique. Les erreurs typographiques interviennent lorsque les touches du clavier sont appuyées dans le mauvais ordre (exemple : mian au lieu de main). Les erreurs cognitives résultent de l'ignorance de la bonne orthographe du mot (exemple : sécretaire au lieu de secrétaire). Les erreurs phonétiques constituent des cas d'erreurs cognitives. Une erreur phonétique fait référence à un mot erroné qui se prononce de la même façon que le mot correct (exemple : apeler / appeler). Les taux d'erreurs d'orthographe dans les textes dactylographiés sont entre 1 et 3% (Grudin, 1983). (Damerau, 1964) précise que 80% de ces erreurs sont de l'un des types suivants:

- Insertion d'une lettre supplémentaire
- Absence d'une lettre (suppression)
- Substitution d'une lettre par une autre
- Permutation de deux lettres.

La distance minimum d'édition ou simplement la distance d'édition est jusqu'aujourd'hui la technique la plus utilisée dans la correction des erreurs d'orthographe. Elle a été appliquée dans presque toutes les fonctions de correction orthographique dont les éditeurs de texte et les interfaces de langage de commande. Le premier algorithme de correction d'orthographe à base de cette technique était réalisé par (Damerau, 1964). Presque à la même période, Levenshtein développa aussi un algorithme similaire et qui semble être le plus utilisé. Plusieurs autres algorithmes sur la distance d'édition virent le jour par la suite. La distance d'édition est définie par Wagner comme étant le nombre minimum d'opérations d'édition requises pour transformer un mot en un autre (Kukich, 1992). Ces opérations sont l'insertion, la suppression, la substitution et la transposition.

Dans la plupart des cas, la correction d'une erreur d'orthographe nécessite l'insertion, la suppression ou la substitution d'une seule lettre ou la transposition de deux lettres. Quand un mot erroné peut être transformé en un mot du dictionnaire par l'inversion d'une de ces opérations, le mot du dictionnaire est considéré comme une correction plausible. Afin de réduire le temps de recherche, on utilise la technique de la distance d'édition inversée.Une autre approche pour réduire le nombre de comparaisons consiste à trier ou à partitionner le dictionnaire selon certains critères (ordre alphabétique, longueur des mots, occurrence des mots). Beaucoup d'autres techniques sont également utilisées dans la correction d'erreurs comme : la clé de similarité, les systèmes de règles, les techniques basées sur les n-grammes, les techniques probabilistes et les réseaux de neurones.

Cependant, La technique la plus largement utilisée dans la correction demeure la distance d'édition (Hsuan, 2008). Elle a une complexité en temps de $O(n \times m)$, avec n et m les tailles respectives des deux mots à comparer. Une technique développée par (Horst, 1993) alliant automate et distance d'édition a été utilisée pour une recherche rapide du mot correct le plus proche d'un mot erroné. Elle a une complexité en temps linéaire par rapport à la longueur du mot erroné, indépendamment de la taille du dictionnaire. Mais la complexité en espace de la méthode de (Horst, 1993) est exponentielle ($O\left(3.\exp\left(\sum_{i=1}^{N}|A_i|\right)\right)$, les A_i étant les mots du dictionnaire).

3 Etat des lieux sur l'informatisation du haoussa

Le haoussa (s'écrit aussi hausa ou hawsa) fait partie de la famille des langues afro-asiatiques. Il appartient au groupe des langues tchadiques (sous-groupe des langues tchadiques occidentales). Comparé aux autres langues africaines, le haoussa est remarquablement unitaire. On distingue le haoussa standard (dialecte de Kano) du dialecte de l'ouest (Sokoto), des dialectes nigériens (Tibiri, Dogondoutchi, Filingué) et bien d'autres (http://www.humnet.ucla.edu/humnet/aflang/Hausa/hausa.html). Du point de vue vocalique, les mots haoussa supportent des tons hauts et des tons bas et on y observe une flexion de genre et de nombre (Mijinguini, Naroua, 2012). Géographiquement, le haoussa est la deuxième langue la plus parlée en Afrique et la plus répandue en Afrique noire avec environ cent millions de locuteurs à travers le monde. Le haoussa est aujourd'hui diffusé par les grandes stations radiophoniques du monde telles que VOA (États-Unis), BBC (Grande-Bretagne), CRI (Chine), RFI (France), IRIB (Iran), Deutsche Welle (Allemagne), Radio Moscou (Russie). Au Niger, le haoussa et les autres langues nationales sont utilisées par les médias nationaux, régionaux et locaux, publics comme privés (Maman, Seydou, 2010). Sur le plan cinématographique, l'industrie de vidéo en langue haoussa a connu un progrès remarquable. En effet, ce sont plus de 1000 films haoussa qui sont produits chaque année dont la quasi-totalité vient du Nigéria. La présence du haoussa sur Internet est très précaire. C'est malheureusement le cas de toutes les langues africaines malgré que celles-ci représentent 30% des langues du monde (Van Der, Gilles-Maurice, 2003). Le célèbre moteur de recherche Google, le navigateur Mozilla Firefox et bien d'autres logiciels et gadgets électroniques (téléphones mobiles notamment) disposent aujourd'hui d'une interface en langue haoussa. L'identifiant ISO de la langue haoussa est hau ou ha (ISO 639-3 et ISO 639-1). Sur le plan académique, les premiers poèmes composés en haoussa, écrits en alphabet arabe adapté à la notation des langues africaines (`ajami), datent du début du XIXe siècle. À cette époque également prend naissance une tradition de chroniques versifiées en haoussa, dont la plus connue est la Chronique de Kano (notée également en `ajami). À cette tradition s'est ajoutée dans les années 1930, à la suite de la colonisation britannique, une production littéraire en alphabet latin (pièces de théâtre, contes, nouvelles, romans, poésie) (Bernard, 2000). La langue haoussa est aujourd'hui enseignée dans des universités africaines et occidentales (Niger, Nigeria, Libye, Inalco (Paris), Université de Boston, UCLA). Le haoussa écrit est essentiellement fondé sur le dialecte de Kano et il existe deux systèmes d'écriture, l'un basé sur l'alphabet arabe (`Ajami), et l'autre utilisant l'alphabet latin (Boko) comme le montre la Figure 1. On remarque, dans le cas du Boko, la présence de 4 caractères spéciaux supplémentaires comme consonnes (ɓ, ɗ, ƙ et ƴ) et l'arrêt glottale (').

ب	[b]	م	[m]
ٻ	[ɓ]	ن	[n]
ث	[tʃ]	ر	[r], [ɾ]
د	[d]	س	[s]
ط	[ɗ]	ش	[ʃ]
ف	[β]	ت	[t]
غ	[g]	ڟ	[ts']
ه	[h]	و	[w]
ج	[dʒ]	ى	[j]
ك	[k]	ع	[ʔ]
ق	[k']	ز	[z]
ل	[l]		

(a) Ajami

A a	[a], [æ]	M m	[m]
B b	[b]	N n	[n]
Ɓ ɓ	[ɓ]	O o	[o]
C c	[tʃ]	R r	[r], [ɾ]
D d	[d]	S s	[s]
Ɗ ɗ	[ɗ]	Sh sh	[ʃ]
F f	[β]	T t	[t]
G g	[g]	Ts ts	[ts']
H h	[h]	U u	[u], [u:]
I i	[i]	W w	[w]
J j	[dʒ]	Y y	[j]
K k	[k]	Y ƴ	[ʔʲ]
Ƙ ƙ	[k']	Z z	[z]
L l	[l]	'	[ʔ]

(b) Boko

FIGURE 1 : Systèmes d'écriture du haoussa

La transcription latine, introduite par les Anglais au Nigeria au début du 20ème siècle, s'est imposée en 1930 comme orthographe officielle (http://www.humnet.ucla.edu/humnet/aflang/Hausa/hausa.html). Au Niger, il a fallu attendre 1981 pour rendre officielle une orthographe du haoussa utilisant l'alphabet latin. Cet alphabet fut complété en 1999 par un arrêté ministériel. Il s'agit du même alphabet que celui de la Figure 1 (b) auquel sont ajoutés les digraphes fy, gw, kw, ky, ƙw et ƙy représentant des sons spécifiques et considérés comme des consonnes. Le même arrêté définit les symboles du Tableau 1 pour la ponctuation.

Nom du symbole	Graphie
Point	.
Virgule	,
Point virgule	;
Deux points	:
Point d'interrogation	?
Point d'exclamation	!
Parenthèses	()
Guillemets	"
Trait d'union	-
Points de suspension	...
Tiret, à la ligne	-
Astérisque	*
Tirets ou parenthèses	...-...-
Tiret	-

TABLEAU 1 : Ponctuation officielle du texte haoussa au Niger

Le Boko est devenu la convention d'écriture dominante pour les documents scientifiques et éducatifs, les mass-médias, l'information et la communication générale depuis la deuxième moitié du 20ème siècle (Ahmed, 2009). Les ressources linguistiques constituent la première étape dans l'informatisation d'une langue (Chanard, Popescu-Belis, 2001). C'est grâce à elles qu'il peut être possible de concevoir les outils informatiques (éditeurs, correcteurs d'orthographe et de grammaire, dictionnaire électronique ...) adaptés à la langue et d'assurer sa présence dans le cyberespace. Mais ces ressources sont rares pour les langues africaines. C'est ainsi que des projets et études déjà réalisés ou en cours visent la constitution ou l'exploitation de ces ressources linguistiques pour une informatisation totale des langues africaines. Par exemple, le projet PAL vise l'adaptation des TIC aux langues africaines afin de les rendre plus accessibles aux populations autochtones (Don, 2011). Bien que le premier travail sur la lexicographie du haoussa moderne date de longtemps, le dictionnaire de (Bargery, 1934) parait être le plus important et le plus large (avec 39000 mots). Il est bilingue haoussa-anglais et renferme une section de vocabulaire anglais-haoussa. Dans leur genèse de la lexicographie du haoussa, (Roxana, Paul, 2001) mentionnent plusieurs autres dictionnaires avant d'évoquer le dictionnaire bilingue haoussa-français du linguiste nigérien et natif haoussa (Minjinguini, 2003). Ce dictionnaire est, selon eux, « la plus récente référence scientifique en lexicographie du haoussa ». Il comprend 10000 entrées bien illustrées et se base largement sur le haoussa standard du Niger, constitué essentiellement du dialecte de Damagaram au lieu de celui de Kano qui dominait dans toutes les recherches lexicographiques précédentes. Rappelons de passage que (Paul, 2000) est l'auteur de l'œuvre la plus complète sur la grammaire moderne du haoussa. La majorité des langues bien dotées disposent de corpus bien formés. Ce qui n'est pas le cas pour les langues africaines. Les recherches actuelles sur ces langues choisissent comme alternative transitoire des corpus écrits et oraux. Une autre alternative pour les langues africaines consiste à constituer des corpus à partir du Web (Gilles-Maurice, 2002).

L'entrée ou la saisie de texte est une autre difficulté à surmonter dans l'informatisation du haoussa et des langues africaines. En effet, les claviers compatibles à ces langues ne sont pas encore mis au point. Saisir certains caractères haoussa sur un clavier demande aujourd'hui une certaine acrobatie. La solution pour contourner cette difficulté consiste en l'utilisation de claviers virtuels permettant d'écrire tous les caractères des langues africaines. Une évaluation (Enguehard, Naroua, 2008) de ce genre de claviers concernant 5 langues du Niger (Fulfulde, Haoussa, Kanuri, Songhai-Zarma, Tamashek) a conclu sur la recommandation, pour ces langues, du clavier virtuel du laboratoire LLACAN.

Les logiciels de traitement de texte tels que MS Word et OpenOffice.org Writer peuvent être utilisés pour la correction d'un texte écrit en haoussa grâce à la constitution de dictionnaire utilisateur. Cependant, toutes les méthodes existantes restent limitées et inadéquates dans le cas des langues africaines ; d'où le besoin de concevoir des correcteurs orthographiques adaptés à ces langues (Enguehard, Mbodj, 2004) . Malgré la rareté des ressources linguistiques, il est bien possible de mettre au point ces correcteurs quitte à les améliorer dans le temps.

Certains logiciels populaires (MS Word, OpenOffice.org Writer, Firefox, etc.) offrant la possibilité de leur créer des extensions (add-ons, plugins), il serait avantageux de concevoir des correcteurs d'orthographe pouvant facilement leur être intégrés.

4 Conception et réalisation d'un correcteur orthographique pour le haoussa

Après synthèse des techniques de détection et de correction d'erreurs d'orthographe, la présentation de la langue haoussa et le point sur son informatisation, nous nous attelons à la conception et la réalisation d'un correcteur orthographique pour le haoussa. Nous en exposons les approches et techniques choisies ainsi que les détails d'implémentation de la solution proposée.

4.1 Choix techniques

Dans cette section, nous présentons les structures de données utilisées pour la conception du correcteur ainsi que les procédures nécessaires pour la détection et la correction d'erreurs en haoussa. Nous avons opté pour l'approche de la conception objet avec un langage algorithmique inspiré de Java (Christophe, 2008). Ce sera sans nous attarder sur la théorie des concepts sous-jacents tels que : classe, objet, méthode, attribut, instance, etc. (Brett et al., 2006) et (Christophe, 2008) sont de bonnes références à ce sujet. Au vu des ressources linguistiques à notre disposition, une technique basée sur un dictionnaire nous semble la plus adaptée pour la conception du correcteur haoussa. Pour le choix du dictionnaire, nous avons opté pour celui de (Mijinguini, 2003). D'abord parce qu'il nous est accessible, ensuite en raison de ses atouts. Le dictionnaire contient tous les mots (y compris les inflexions et les dérivations). Il est stocké en mémoire secondaire sous forme de fichier texte. L'encodage de caractères étant évidemment UTF-8. La détection d'erreurs se fait indépendamment du contexte. Un mot erroné est identifié par une simple recherche dans le dictionnaire. Pour implanter le dictionnaire en mémoire, nous utilisons soit une table de hachage soit un trie. L'implémentation doit permettre au moins les primitives suivantes :

- Ajouter un mot au dictionnaire (méthode add)
- Vérifier si un mot se trouve dans le dictionnaire (méthode contains)
- Supprimer un mot du dictionnaire (méthode remove)

Chaque nœud du trie a autant de liens qu'il y a de caractères dans l'alphabet et ces derniers sont implicitement stockés dans la structure de données. A chaque chaîne de caractères valide correspond une valeur. Celle-ci peut être de tout type. Elle peut être exploitée ici pour stocker des informations (définition, classe grammaticale, traduction vers une autre langue, etc.) sur chaque mot du dictionnaire.

En notation objet le trie se présente comme le montre la classe Trie de la Figure 2. Chaque nœud du trie est représenté par la structure de données Node.

L'attribut R de la classe Trie correspond au nombre des symboles ou lettres de l'alphabet. Les digraphes de l'alphabet haoussa du Niger n'étant pas codés comme un seul caractère, nous ne considérerons que les monographes, soit un total de 28 lettres. A ces lettres nous ajoutons le tiret ('-') (code Unicode \u002D) afin de pouvoir stocker les mots composés. Pour une langue supportée par le code ASCII, il n'est pas nécessaire d'avoir un attribut alphabet pour la classe Trie, les caractères étant représentés par des entiers consécutifs de 0 à 127 donc par les indices du tableau next (Node[]). Ce qui n'est pas le cas du haoussa où les lettres ont des points de code dans les plages suivantes :

- Majuscules : 39, 65 à 80, 82 à 85, 87 à 90, 385, 394, 408, 435.
- Minuscules : 97 à 112, 114 à 117, 119 à 122, 595, 599, 409, 436.

Représenter les caractères par les indices du tableau next conduira à prendre 599 comme valeur de R au lieu de 56 (28x2), ce qui conduit à un gaspillage d'espace mémoire (parce qu'occupée par des liens inutiles) et des vérifications supplémentaires pour éviter que des mots étrangers ne soient ajoutés au trie. Pour éviter ce problème, une astuce (Robert, Kevin, 2011) consiste à trouver une fonction de correspondance entre les indices du tableau next et les lettres de l'alphabet. C'est la raison de la présence de l'attribut alphabet de la classe Trie. Il est ici de type String mais il peut bien être un tableau de caractères. Deux méthodes supplémentaires effectuent la correspondance : toChar pour retrouver le caractère correspondant à un indice donné et toIndex pour convertir un caractère donné en indice. Les méthodes charAt et indexOf de la classe String peuvent efficacement être utilisées. Et pour rendre l'astuce plus flexible, nous pouvons carrément déléguer cette tâche à une interface Alphabet qui définirait toChar et toIndex. La méthode keysThatMatch est très intéressante. En effet, elle permet de rechercher dans le trie les mots qui répondent à un motif donné. Les motifs utilisés ici sont ceux avec un caractère de remplacement (wildcard), par exemple un point ('.'). Ainsi avec un motif comme '.ada' cette méthode va renvoyer les mots du dictionnaire qui sont constitués d'une lettre (quelconque) suivie du suffixe 'ada' : dada, fada, kada, lada, tada, wada. C'est cette possibilité que nous exploitons pour mettre en œuvre la distance d'édition inversée. La méthode keysThatMatch utilise une structure de données List pour conserver les résultats de la recherche. La classe List dispose de méthodes pour ajouter un élément, pour vérifier l'existence d'un élément et pour supprimer un élément.

Pour faire abstraction de l'implantation du dictionnaire réel, ajouter de la flexibilité, simplifier la maintenance et faciliter l'évolutivité du correcteur, le dictionnaire abstrait est représenté par une classe (TrieBasedDico ou HashBasedDico) qui implémente une interface (ou une classe abstraite) Dico. Celle-ci définit les méthodes (add, remove, contains) nécessaires pour opérer sur un dictionnaire. Les classes TrieBasedDico et HashBasedDico sont conçues par composition à partir respectivement de la classe Trie et de la classe HashSet.

La liste des mots candidats pour la correction d'un mot erroné est déterminée par plusieurs étapes que nous décrivons ici. Une fois qu'un mot est identifié comme étant erroné, on procède à la détermination de la forme de l'erreur. Nous avons défini trois types d'erreurs (inspiration venue de nos recherches sur OpenOffice.org) :

- IS_NEGATIVE_WORD : Erreur causée par la présence, dans le mot, d'un chiffre ou d'un caractère étranger à l'alphabet (par exemple x, v, q, etc.). Le mot est alors qualifié de négatif.
- CAPTION_ERROR : Erreur de casse. C'est lorsqu'un mot qui devait être écrit avec la première lettre en majuscule est écrit tout en minuscule.
- SPELLING_ERROR : représente toutes les autres formes d'erreurs d'orthographe.

Les types d'erreurs sont de type entier court encapsulés comme champs statiques dans la classe LySpellFailure. Le correcteur dispose de deux méthodes pour la détermination des erreurs. D'abord la méthode getSpellFailure, qui analyse un mot donné, renvoie -1 si le mot est correct ou, dans le cas contraire, un des trois types d'erreur cités ci-haut. Ensuite la méthode isValid qui vérifie si un mot donné est valide en fonction du résultat renvoyé par getSpellFailure et des paramètres de la correction orthographique. Si getSpellFailure renvoie une valeur :

- égale à -1, le mot est valide et isValid renvoie true
- différente de -1, les paramètres de correction sont pris en compte pour déterminer la validité. Par exemple lorsqu'on choisit de ne pas corriger les mots avec chiffres et que le mot à corriger contient des chiffres, isValid renvoie true. Cette méthode peut être exploitée pour corriger l'orthographe au cours de la frappe.

L'objet currentLanguage représente la langue en cours de prise en charge par le correcteur. Il est une instance de la classe Language. La recherche des suggestions de correction est déléguée à proposer, une instance d'une classe qui implémente l'interface Proposer.

La méthode getProposals fournit les suggestions de correction pour un mot invalidé par isValid et ce en fonction du type d'erreur détectée par getSpellFailure.

1) Exploitation des caractéristiques de l'alphabet

La langue traitée est représentée par la classe Language. Après plusieurs tentatives, nous avons préféré que le dictionnaire soit un attribut de la langue et non l'inverse. L'attribut locale de la classe Language stocke les informations sur la langue traitée. Il est de type Locale et fournit par exemple le code 2 lettres ISO 639-1 de la langue, le code 2 lettres ISO 3166 du pays ainsi que les noms complets de la langue et du pays. Ce qui correspond respectivement à ha, NE, haoussa (Niger) pour le haoussa du Niger. Nous exploitons ces données pour le nommage des ressources et pour l'affichage destiné à l'utilisateur. L'attribut properties qui est de type Map regroupe d'autres propriétés pour la langue que nous utilisons pour la conception du correcteur et qui ne sont pas fournies par Locale. Il s'agit pour le moment de l'alphabet de la langue, des caractères spéciaux de l'alphabet, des caractères ressemblant aux caractères spéciaux et les signes de ponctuation que nous avons repartis en deux propriétés : les séparateurs de mots et les signes de fin de phrase. Tous les caractères de l'alphabet sont fournis sous forme de codes Unicode. La classe chargée de trouver les suggestions implémente l'interface Proposer qui définit deux méthodes : isNegativeWord et propose. Les méthodes des classes

TrieBasedDicoProposer et HashBasedDicoProposer utilisent en partie les caractéristiques de l'alphabet dans la recherche de suggestions.

2) Utilisation de la distance d'édition inversée pour trouver les mots à suggérer

La recherche des mots candidats pour la correction est faite grâce à la distance d'édition inversée comme suit :

- Tous les mots ayant une distance d'édition égale à 1 avec le mot erroné sont générés par application des opérations d'édition que sont l'insertion, la suppression, la substitution et la transposition.
- Chaque mot généré précédemment est recherché dans le trie ou la table de hachage. S'il y est, alors il est retenu comme une correction possible du mot erroné.

La recherche est effectuée par la méthode privée proposeByReverseEditDistance. Cette méthode est basée en réalité sur la méthode keysThatMatch. Elle prend en argument un paramètre de type TrieBasedDico et un mot ou un pattern et renvoie le résultat sous forme d'un tableau de Strings. Une méthode similaire est conçue dans le cas de la table de hachage. Les méthodes qui permettent d'appliquer les opérations d'édition à un mot donné sont fournies par la classe StringTools. Celle-ci regroupe un nombre d'outils à usage partagé entre les différentes classes.

3) Utilisation de la distance d'édition pour ordonner les suggestions

La distance minimum d'édition est utilisée pour classer les mots candidats. Ceux qui sont les plus proches du mot erroné sont placés en tête de la liste proposée. Pour mettre cela en œuvre, un comparateur a été conçu. Le diagramme de classe général de la conception que nous venons de décrire est donné par la Figure 2 ci-dessous :

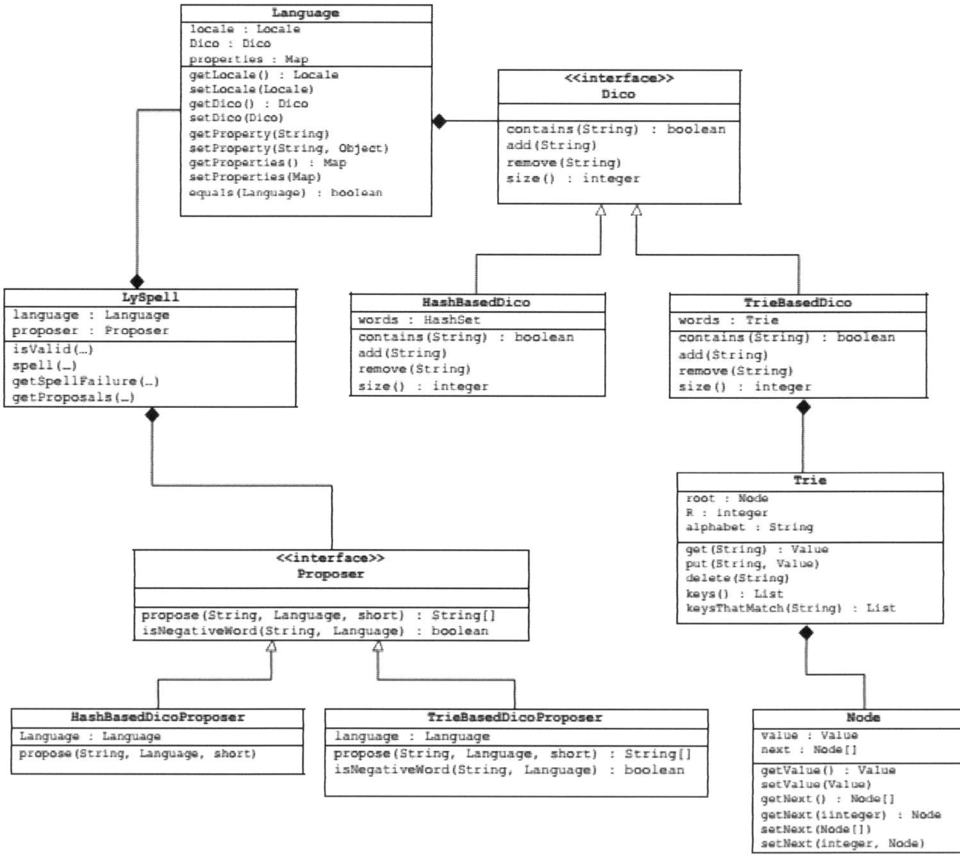

FIGURE 2 : Diagramme de classe global

4.2 Codage, déploiement et test du correcteur

Pour le codage et le développement du correcteur nous avons opté pour le langage Java et l'IDE NetBeans. Deux versions ont été développées.

a) Version autonome : LyTexEditor et LySpell

Elle comprend un éditeur de texte LyTextEditor qui intègre LySpell, le correcteur que nous avons conçu. LyTextEditor a été conçu dans un premier temps pour les besoins de développement et test du correcteur indépendamment des contraintes d'intégration à d'autres éditeurs. Il donne les possibilités suivantes :

- saisir un texte
- ouvrir un fichier texte existant
- corriger un texte avec LySpell
- sauvegarder un texte.

La correction orthographique est accessible via le menu Outils ou par la touche F7. Par exemple, la Figure 3 montre la boite de dialogue pour la correction interactive de l'orthographe.

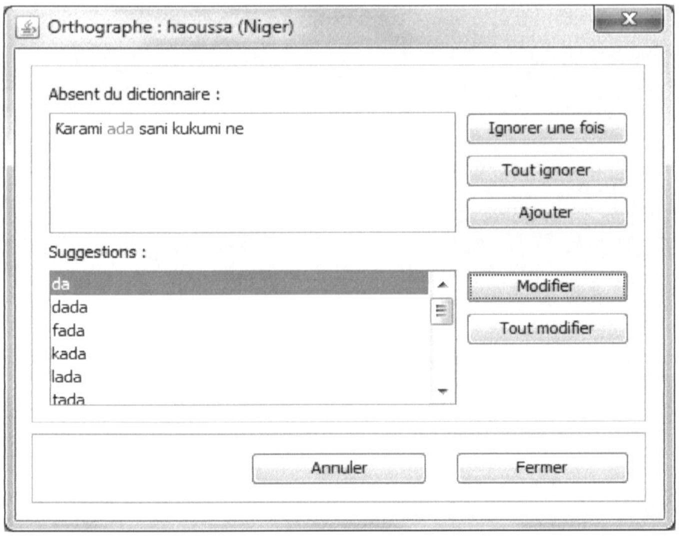

FIGURE 3 : Boîte de dialogue pour la correction de l'orthographe avec LySpell dans LyTextEditor

b) Version add-on pour OpenOffice.org

Après plusieurs recherches et avec l'aide de l'OpenOffice.org Developer's Guide, nous avons pu développer l'add-on. Comme OpenOffice.org 3 n'intègre pas le haoussa du Niger, obligation est faite de choisir l'option haoussa du Nigéria ou celui du Ghana. La Figure 4 ci-dessous montre l'utilisation de LySpell dans OpenOffice.org 3 Writer.

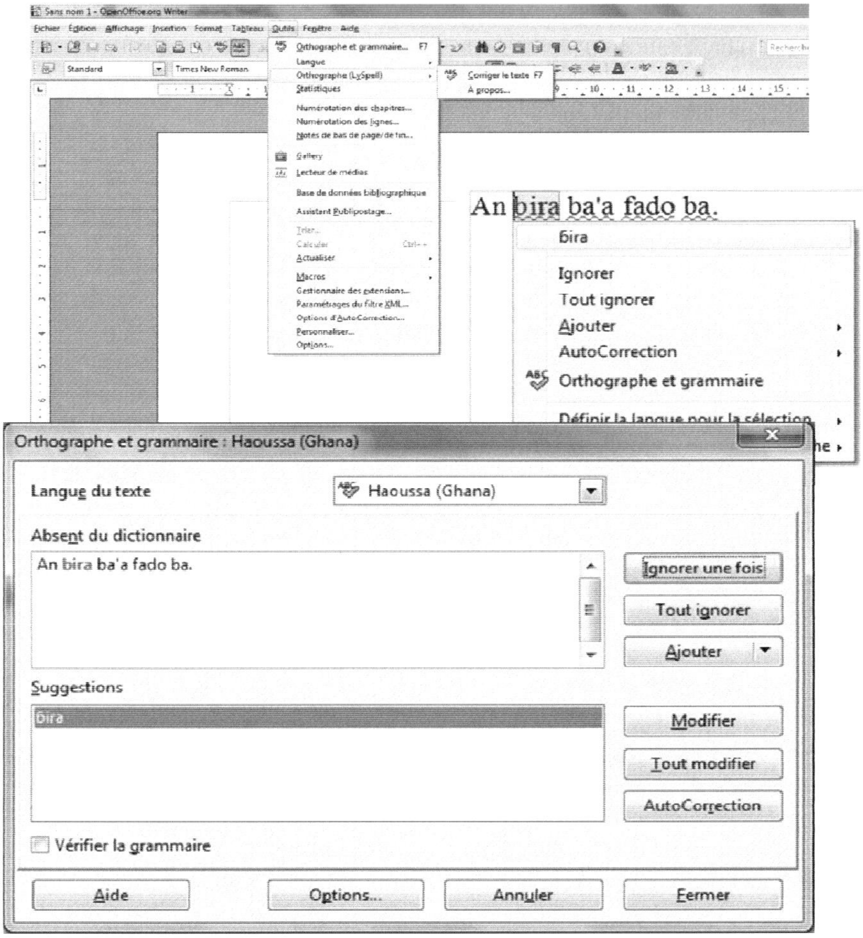

FIGURE 4 : Correction de l'orthographe avec LySpell dans OpenOffice.org

Avec la portabilité de Java, LyTextEditor et LySpell peuvent être utilisés normalement sur toutes les plateformes. LySpell offre également la possibilité de prendre en charge, sans besoin de toucher au code, la correction d'orthographe pour d'autres langues. Il suffit pour cela de fournir les fichiers nécessaires à savoir le dictionnaire et l'alphabet.

5 Conclusion et perspectives

Dans ce travail, nous avons conçu et développé un correcteur orthographique pour la langue haoussa. Ledit correcteur a été testé en tant que programme autonome à travers un éditeur de texte conçu à cet effet et en tant qu'extension pour la suite bureautique OpenOffice.org. Ces résultats montrent qu'il est bien possible de mettre à profit les techniques prouvées et les ressources linguistiques disponibles pour concevoir des outils de traitement automatique pour les langues africaines en général et pour le haoussa en particulier. Ils confirment aussi que les structures de données trie et table de hachage offrent de meilleurs performances pour stocker un dictionnaire. Cependant, les possibilités et les résultats offerts par la structure de données trie sont nettement meilleurs à ceux de la table de hachage. Il faut noter que lorsque le nombre de wildcard est supérieur à 1, seul le trie donne, sans grande gymnastique, un résultat satisfaisant. Par exemple, pour le mot incorrect "zurmakakke" et lorsque le dictionnaire est implanté par un trie, on obtient la suggestion "zurmaƙaƙƙe". Par contre, aucune suggestion n'est obtenue dans le cas de la table de hachage.

Le correcteur LySpell résultant de cette étude exploite comme seules ressources linguistiques le dictionnaire et l'alphabet de la langue haoussa. Il a cependant été pensé de façon qu'il puisse aussi servir pour d'autres dialectes haoussa et d'autres langues.

Malgré que nous n'ayons pas pu effectuer tous les tests nécessaires sur les performances de LySpell, nous osons espérer que les résultats auxquels nous avons abouti apporteront une valeur ajoutée à l'informatisation du haoussa et contribueront à son utilisation effective dans les institutions d'enseignement et les médias.

Pour améliorer les performances du correcteur ici conçu, il peut être envisagé dans des futurs travaux de :

- Exploiter les règles de la morphologie de la langue haoussa. Cela aura un triple avantage. D'abord la taille du dictionnaire en mémoire sera considérablement réduite. Ensuite les suggestions de correction pourraient être plus précises. Enfin, il serait ainsi possible de créer un correcteur orienté Hunspell pouvant être intégré facilement et plus adéquatement à un large éventail de programmes à commencer par OpenOffice.org.
- Renforcer la correction orthographique du haoussa en y ajoutant la prise en charge de la grammaire.

Références

AHMED N. (2009). Adaptation des écritures et de la lecture des langues étrangères au pays Haoussa de l'Afrique de l'Ouest. *Synergies Algérie n°6 – 2009*, 61-69.
AHO A. V., CORASICK M. J. (1975). Efficient String Matching: An Aid to Bibliographic Search. *Communications of the ACM*, 18 (6), 333-340.
BARGERY G.P. (1934). A Hausa-English Dictionary and English-Hausa Vocabulary. *Oxford University Press*, London.
BERNARD C. (2000). Les langues au Nigeria. *Notre Librairie, Revue des littératures du Sud, Littératures du Nigéria et du Ghana*, 2, (141), 8-15.
BRETT M., Gary P., David W. (2006). Head First Object-Oriented Analysis and Design. *O'Reilly*.
CHANARD C., POPESCU-BELIS A. (2001). Encodage informatique multilingue : application au contexte du Niger. *Les Cahiers du Rifal*, 22, 33-45.
CHRISTOPHE D. (2008). Apprendre à programmer, algorithmes et conception objet. *2e ed., Eyrolles*.
CYRIL N. A. (1967). String similarity and misspellings. *Communications of the A.C.M.*, 10, (5), 302-313.
DAMERAU F.J. (1964). A technique for computer detection and correction of spelling errors. *Comm.* ACM 7, 3, 171-176.
DANIEL J., JAMES H. M. (2000). Speech and Language Processing. *Prentice Hall, Englewood Cliffs, Inc.*
DON O. (2011). Les langues africaines a l'ère du numerique, défis et opportunités de l'informatisation des langues autochtones. *Les Presses de l'Université Laval, CRDI.*
ENGUEHARD C., NAROUA H. (2008). Evaluation of Virtual Keyboards for West-African Languages. Proceedings of the *Sixth International Conference on Language Resources and Evaluation (LREC'08)*, Marrakech, Morocco, 28-30.
ENGUEHARD C., MBODJ C. (2004). Des correcteurs orthographiques pour les langues africaines. *Bulletin de Linguistique Appliquée et Générale.*
ENGUEHARD C., SOUMANA K., MATHIEU M., ISSOUF M., MAMADOU L. S. (2011). "Vers l'informatisation de quelques langues d'Afrique de l'Ouest", 4ème atelier international sur l'Amazighe et les Nouvelles Technologies, IRCAM, Rabat, Maroc.
GILLES-MAURICE D. S. (2002). Web for/as Corpus: A Perspective for the African Languages. *Nordic Journal of African Studies*, 11 (2), 266-282.
GRUDIN J. T. (1983). Error patterns in novice and skilled transcription typing. *In Cooper W. E. (Ed.). Cognitive Aspects of Skilled Typewriting, Springer-Verlag,* New York, 121-139.
HORST B. (1993). A Fast Algorithm for Finding the Nearest Neighbor of a Word in a Dictionary. *IAM-93-025*.
HSUAN L. L. (2008). Spell Checkers and Correctors: a unified treatment. *Master dissertation*.
KNUTH D. (1973). The Art of Computer Programming. *Addison-Wesley Publishing Co.*, Philippines, 3.
KUKICH K. (1992). Techniques for automatically correcting words in text. *ACM Computing Surveys*, 24 (4).
LEHAL G. S., SINGH K. (2000). A Comparative Study of Data Structures for Punjabi Dictionary. *5th International Conference on Cognitive Systems, reviews & previews, ICCS'99*, 489-497.
MAMAN M. G., SEYDOU H. H. (2010). Les Langues de scolarisation dans l'enseignement fondamental en Afrique subsaharienne francophone : cas du Niger. *Rapport d'étude pays.*
MARK P. N. (2009). A Comparison of Dictionary Implementations.
MINJINGUINI A. (2003). Dictionnaire élémentaire hausa-français. *les éditions GG.*
MIJIGUIN A., NAROUA H. (2012). Règles de formation des noms en haoussa. Actes de la *conférence conjointe JEP-TALN-RECITAL 2012, Atelier TALAf 2012: Traitement Automatique des Langues Africaines*, 63-74.

PAUL N. (2000). The Hausa Language An Encyclopedic Reference Grammar. *Yale University Press*, New Haven.
PETERSON J. L. (1980). Computer Programs for Detecting and Correcting Spelling Errors. *Comm. ACM*, 23 (12).
PIERRE M. N. (2006). An introduction to language processing with Perl and Prolog. *Springer-Verlag Berlin Heidelberg*, 2-3.
ROBERT S., KEVIN W. (2011). Algorithms. *4e ed., Addison Wisley.*
ROXANA M. N., PAUL N. (2001). The Hausa Lexicographic Tradition. *Lexikos11, AFRILEX-reeks, series*, 11, 263-286.
SUZAN V. (2002). Context-sensitive spell checking based on word trigram probabilities. *Master thesis.*
VAN DER A. V., GILLES-MAURICE D. S. (2003). The African Languages on the Internet: Case Studies for Hausa, Somali, Lingala and isiXhosa. *Cahiers Du Rifal*, 23, 33–45.

De la dénomination des concepts techniques dans l'élaboration d'un lexique thématique agricole bilingue français-yambetta

Maxime Yves Julien Manifi Abouh[1, 2] Etienne Sadembouo
(1) DLCC, UY1/ ENS, BP 47, Yaoundé, Cameroun
(2) DLAL, UY1/FALSH, BP 337 et Centre ANACLAC, BP 2905, Yaoundé, Cameroun
maxmanifi@yahoo.fr, etiennesadembouo@yahoo.fr

Résumé. Cet article présente la méthode et les procédés terminologiques qui ont présidé à l'élaboration d'un lexique thématique bilingue français-yambetta de l'agriculture ; le yambetta étant une langue peu dotée du Cameroun. L'approche culturelle de la terminologie préconisée par Marcel Diki-Kidiri et les autres (2008) aura permis d'analyser le contenu conceptuel des termes agricoles en français, afin de bien circonscrire l'unité de connaissance qu'ils dénotent, et d'analyser la perception à la base de leur dénomination. Fort de ces informations, la perception du contenu de ces termes a été reconceptualisée, ce qui a permis de leur trouver des dénominations conformes à la culture yambetta. Il s'ensuit ainsi que par rapport au français, le yambetta connaît des particularités lexico-grammaticales que l'on peut déceler à travers le lexique élaboré.

Abstract. This paper lashes out processes and methods of coinage used to set up a bilingual thematic lexicon (French-Yambetta). Yambeta is a not very known Cameroonian language. The cultural approach suggested by Marcel Diki-Kidiri and the others (2008) has enabled on one hand to analyze the conceptual content of the agricultural terms in French in order to specify what they refer to indeed; and on the other hand to analyze the motivations at the basis of such denominations. Thanks to these pieces of information, the perception of the content of the studied terms has been revised. This revision has led to a new coinage in conformity with the Yambeta culture. Therefore, unlike the French language, Yambeta has both lexical and grammatical peculiarities which are perceivable through the lexicon set up.

Mots clés : dénomination, terminologie culturelle, lexique agricole, yambetta.

Keywords : Denomination, Cultural terminology, Agricultural lexicon, Yambetta.

Introduction

Le Cameroun dispose d'un cadre légal idéal pour la protection et la promotion des langues nationales aux côtés des langues officielles que sont le français et l'anglais. Ce cadre est contenu dans la Loi fondamentale de la République et la Loi d'orientation de l'Éducation au Cameroun. Cependant, le problème des langues nationales dans ce contexte – avec leur multiplicité - constitue un défi majeur à relever en termes d'écriture, de sauvegarde, d'enrichissement et d'usage ; en un mot, la plupart de ces langues sont peu dotées jusqu'à ce moment où il est question pour elles d'assumer des fonctions vitalisantes de langues d'enseignement, de langues enseignées ou de langues de travail en général. Le yambetta, une langue minoritaire du Cameroun, a déjà amorcé son processus de développement. Elle a déjà fait l'objet de quelques recherches scientifiques et dispose actuellement d'une écriture relativement homogène, copiée sur le modèle proposé par l'Alphabet général des Langues camerounaises. Seulement, comme la plupart des langues à tradition orale, elle n'est pas pourvue d'un stock lexical suffisant pour exprimer les réalités modernes face au développement effréné des sciences et techniques ; raison pour laquelle, en s'intéressant au domaine agricole, il s'est avéré important d'élaborer un lexique thématique bilingue français-yambetta[1]. Le présent article expose la méthode et les mécanismes de redécouverte et de création lexicales qui ont présidé à l'élaboration de ce lexique.

1. Pourquoi un lexique thématique de l'agriculture en langue yambetta ?

Les langues africaines font de plus en plus l'objet d'élaboration de dictionnaires ou de lexiques bilingues dans l'optique d'augmenter leur niveau d'instrumentation et de faciliter leur accès à la modernité. Plusieurs universitaires et quelques organismes publics ou privés s'y investissent, mais leur démarche court le risque de ne pas établir de passerelle entre la science et les communautés linguistiques concernées lorsqu'une évaluation préalable des besoins en matière de terminologie n'est pas faite. De tels travaux demeureraient dans des tiroirs, auxquels n'auraient accès que quelques hommes de sciences. Le choix du domaine dans lequel un lexique doit être produit n'est donc pas à prendre à la légère, surtout lorsque l'on a affaire à des minorités langagières.

En effet, l'évolution d'une langue répond aux besoins de communication et d'expression de ses locuteurs, et il est évident que ces besoins peuvent varier d'une communauté linguistique à une autre. En outre, les domaines d'utilisation d'une langue dans la vie sociale sont évidemment nombreux que les différentes activités humaines. Dès lors, pour élaborer un lexique qui soit adapté au système communicationnel vivant des Yambetta qui constituent une minorité langagière, nous avons identifié comme prioritaire le domaine agricole qui est l'activité principale de ses locuteurs que l'on retrouve en majorité en zone rurale.

2. Situation de la langue d'étude, cadre théorique et méthodologique

Le yambetta (encore appelé nigi) est une langue bantu du Mbam qui a pour code 520 dans l'Atlas linguistique du Cameroun[2] (ALCAM). C'est une langue parlée par une minorité de 3700 personnes (Gordon, R., and Grimes, B., 2005) dans la région de savane arborée située entre Bafia et Ndikiniméki, dans la vallée du Mbam Cameroun. C'est un continuum linguistique constitué de quatre dialectes dont le nedɛk, le begi, le kibum, et le nigi qui constitue le dialecte de référence standard.

La recherche en terminologie est aujourd'hui soumise à des renouvellements sous l'influence conjointe des domaines théoriques, des développements technologiques et des demandes sociales. Il se trouve que la démarche traditionnelle du travail terminologique mené dans les officines linguistiques ne suffit pas à satisfaire les usagers, à moins qu'une interaction n'intervienne entre le terminologue et les communautés de locuteurs visés. Henry Tourneux (2002), en s'intéressant à la communication avec les paysans dans les savanes d'Afrique centrale, pense que l'on ne saurait traduire un message technique à l'intention d'un paysan si l'on ne connaît pas sa façon de concevoir le domaine et de l'exprimer. Mieux, on ne peut prétendre influer sur les pratiques d'un agriculteur sans prendre la mesure de ses propres connaissances, qui sont, parfois, bien éloignées de ce que l'on pourrait imaginer, et souvent beaucoup plus riches que ne le pense l'ingénieur agronome. Au fil des ans, Tourneux s'est constitué un savoir-faire qu'il a érigé en méthode. Schématiquement, son travail consiste à comprendre le sujet étudié, évaluer les connaissances des locaux sur ce sujet, cibler les notions et les termes à définir et finalement, les traduire en concertation avec la population. Toutefois, cette idée de Tourneux est partagée par d'autres africanistes à l'instar de Marcel Diki-Kidiri qui l'a d'ailleurs érigée en un modèle théorique avec les contributions de Édéma Atibakwa Baboya, Mercedes Suarez de la Torre, Antoni Nomdedeu Rull et Chérif Mbodj (2008).

Cette approche de Marcel Diki-Kidiri et les autres (2008), dénommée « la terminologie culturelle », a pour préoccupation centrale de développer les langues à partir de leurs propres ressources de connaissances et d'expériences, ce qui leur permet d'avoir une perception à elles des nouveaux concepts qu'elles voudront dénommer. C'est une démarche endogène, puisqu'elle ne cherche pas, en premier lieu, la standardisation internationale des termes, comme dans les grandes langues de diffusion mondiale. D'une part, elle contribue au développement d'une théorie terminologique qui prend en compte la diversité culturelle et préserve les besoins

---

[1] La recherche pour cette étude a été menée dans le cadre d'un projet de thèse de Doctorat Ph.D à l'université de Yaoundé 1 (Cameroun) sous le thème : *Terminologie et traduction dans la modernisation des langues africaines : développement d'une terminologie adaptée au discours agricole en yambetta* de 2010 à 2013.

[2] Dieu, M. et Renaud, P., 1983, *Atlas linguistique de l'Afrique centrale : situation linguistique en Afrique centrale, inventaire préliminaire, le Cameroun*, ACCT/CERDOTOLA/DGRST, Paris, Yaoundé.

identitaires des différentes communautés humaines quelles qu'elles soient ; et d'autre part, elle développe une méthodologie conséquente pour l'élaboration, la production et l'implantation des terminologies pour le développement effectif des langues et des cultures, notamment africaines. La dénomination des concepts techniques dans l'élaboration de notre lexique agricole pour le yambetta a été menée à base des points de méthode de cette approche.

3. Présentation de la nomenclature et comparaison des données (français-yambetta)

La nomenclature (Confer Manifi 2013) comporte une variété de 625 termes relevant d'une part de la production végétale en général, et d'autre part de l'administration, l'équipement et la vulgarisation agricole. Ont également été pris en compte des termes d'usage général qui ne relèvent pas exclusivement des sciences agricoles, mais qui y ont droit de cité. Dès lors, des 625 termes à étudier, 340 relèvent de l'activité de production végétale, 156 sont relatifs aux végétaux et produits végétaux, et 129 se rapportent à l'administration, l'équipement et la vulgarisation agricole.

3.1. Identification des équivalents immédiats

126 termes, soit 20, 16 % des termes de la nomenclature ont été identifiés comme des équivalents immédiats. Ce sont, entre autres, des termes comme les suivants (avec les équivalences respectives en yambetta entre parenthèses) :

Exemple (1)

air (*ofɛfɛm*),	ananas (*kɛgádógádó*),	arachide (*asɔp*),	arbre (*kiɛt*),
bouton (*kɛdɔ́lɛk*),	branche (*otap*),	brasser (*kodɔp*),	aubergine (*kisiŋ*),
billon (*ambom*),	biner (*kobɔp*),	bois (*nkɔ́n*),	cueillir (*kogɛs*),
bois (*nkɔ́n*),	batte (*ondám*),	rejet (*kɛcɔgɛn*),	sable (*osáyɛ́n*),
sachet (*ilit*),	sècheresse (*kɛloo*),	sarcler (*kɛɛ́sa*),	sauterelle (*kɛdam*),
savane (*odɛ*)	secouer (*kufugə*),	semence (*ombot*),	sillon (*kɛban*),
soleil (*yooý*),	taille (*otɛ́n*),	taro (*kibin*),	tas (*kɛnyɛt*),
temps (*kɛnɛŋ*),	tige (*nidín*),	vent (*kigut*),	trou (*kiwoo*), etc.

3.2. Identification des « quasi-équivalents »

Les « quasi- équivalents » sont des termes qui renvoient à des concepts partiellement équivalents hors-contexte. On en répertorie 33, soit 05, 28 % des termes de la nomenclature. Les cas de figures de quasi-équivalence se présentent ainsi qu'il suit :

a) Certains termes distincts et/ou quasi-synonymes en français sont rendus par un même terme polysémique en yambetta.

Exemple (2)

français	**yambetta**
décortiquer, dépulper	*kodángɛla*
déterrer, déraciner, dessoucher	*kulúgin*
cuticule, écorce, peau, enveloppe, gousse, tégument, cortex	*kio´*
billon, butte, crête	*ambom*
débroussailler, défricher, tondre	*kodɛ́ma*

b) Inversement, un terme en français peut être rendu par plusieurs synonymes, ou recouvrir plusieurs concepts en yambetta.

Exemple (3)

français	**yambetta**
igname	*kɛsɛndɛŋ, ɛfɔdɔ́, əndím*
presser	*kogámɛsɛ, konyɔlɔ*
vanner	*kosɛgɛlɛnanɛ, kufumə*

Les polysémies et synonymies sont tolérées dans l'élaboration de ce lexique dans la mesure où elles ne posent pas d'ambiguïté dans la compréhension du discours agricole en yambetta. Toutefois, comme le préconise Diki-Kidiri (2007 : 17), nous ne retenons que deux ou trois synonymes en yambetta pour chaque terme, car un nombre élevé de synonymes nuirait à la fiabilité de la dénomination.

3.3. Identification des termes sans équivalent

On distingue en général deux sortes de termes auxquels il faut trouver des équivalents. Il s'agit d'une part des termes qui nécessitent une recherche terminologique, et d'autre part des termes qui requièrent une création lexicale. 466 termes sans équivalents ont pu être dénombrés, soit 74, 56 % des termes de la nomenclature.

3.3.1. Les termes qui nécessitent une recherche terminologique

Ici, il est question de termes français qui ne nécessitent pas d'invention lexicale en yambetta pour être traduits. On essaie de « ressusciter » certains termes en yambetta qui ne sont plus couramment utilisés, ou de donner des sens nouveaux à des termes yambetta connus. Il s'agit, dans la nomenclature, des termes comme les suivants :

Exemple (4)

accoutumer (un plant)	août	transplanter	température
bourgeon	tuteur	amidon	arbrisseau
radicelle	arborescent	brun	faucille
calibrer	date	degré	densité
désinfecter	boulon	carence	pesticide
cendrier	arboriculteur	aération	septembre
fèves ardoisées	fèves mitées	pâturage	pédoncule
stock	tubercule	verdure	jachère
agrumes	torréfaction	blé	chocolat
pustule	extraction (de l'huile) etc.		

3.3.2. Les termes qui exigent une création lexicale

Les termes qui exigent une création lexicale sont d'une part ceux qui sont inconnus de la langue, et d'autre part ceux qu'il est difficile de dénommer par analogie, par métaphore, par transfert sémantique[3], ou par quelque procédé terminologique naturel que ce soit, sans solliciter beaucoup d'ingéniosité. Dans notre nomenclature, nous relevons des termes comme les suivants :

Exemple (5)

acide	acier	papilionacées	agronomie
rutacées	magnésium	amplitude thermique	arôme de chocolat
bore	bulldozer	granulométrie	polyculture
oléo-protéagineux	industrie alimentaire	lutte phytosanitaire	compte d'exploitation
mécanisation	cercosporiose	pourridié	sterculiacées
engrais chimique	benlate	éolienne	liqueur
pluviosité	théobromine	urée, etc.	

[3] Le transfert sémantique consiste à faire appel à un terme qui perd peu à peu sa dénotation originelle, pour désigner un nouvel objet.

4. Analyse et création de termes

Après avoir accompli les tâches d'identification décrites ci-dessus, plusieurs procédés lexicaux permettent de trouver des équivalences, ou confirment la justesse de certaines équivalences recueillies auprès des membres de la communauté yambetta, pour chaque catégorie de termes. Ces procédés sont : l'innovation sémantique, l'innovation lexicale et l'emprunt aux langues étrangères.

4.1. L'innovation sémantique

Ce procédé confère un sens nouveau qu'il n'avait jusqu'alors à un signifiant qui existe déjà dans la langue considérée. Cela ne signifie pas que le premier sens du mot tombe automatiquement en désuétude, mais qu'au contraire, il se crée des homographes. C'est une possibilité interne de la langue. Elle se manifeste en yambetta par extension ou restriction de sens.

4.1.1. L'extension sémantique

Avec l'extension sémantique, un mot est utilisé pour transmettre les sens de deux ou plusieurs entités qui partagent des caractéristiques similaires. Ce procédé se fonde sur un rapprochement de fonction, de sens ou de forme avec le concept existant. Selon les types de rapprochement, voici quelques exemples en yambetta.

Exemple (6)

	Vocable	**Sens primaire**	**Sens nouveau**
Par rapprochement de fonction	*kuŋinə*	nettoyer	désinfecter
	kió́	enveloppe	gousse
Par rapprochement de sens	*ngap*	quantité	stock
	nofɛk	mesure	densité
Par rapprochement de form	*kingə́ŋ*	piquet	tuteur
	niis̋	œil	fève

TABLE 1 : L'extension sémantique

4.1.2. La restriction de sens

Par la restriction de sens, un mot déjà existant, tout en continuant d'être utilisé dans son sens premier, voit son utilisation se réduire à un cas précis dans un contexte particulier. Avec le sens nouveau qui lui est donné, le mot devient générique et spécifique. Dès lors, c'est le contexte d'emploi qui permet d'en déterminer le sens.

Exemple (7)

vocable	**sens primaire**	**sens nouveau**
okuŋ	poudre	farine
mpógógó́	rouge	brun
kiɛt	arbre	tronc
nsí́	terre	couche de terre

TABLE 2 : La restriction de sens

Au regard de ce tableau, la restriction de sens se manifeste également par la métonymie, précisément celle qui consiste à désigner la partie par le tout. Les vocables *kiɛt* et *nsí* en constituent une preuve.

4.2. L'innovation lexicale

L'innovation lexicale se manifeste soit par calque, soit par des possibilités internes de la langue faisant appel à ses structures syntagmatiques propres, entre autres, la dérivation et la composition.

4.2.1. Le calque lexical

Le calque lexical est un type d'emprunt particulier en ce sens que le terme emprunté est traduit littéralement d'une langue à une autre en s'inspirant davantage de sa lettre que de son esprit (en transposant les éléments de l'expression mot à mot). Autrement dit, le concept nouveau est rendu par la création d'une expression qui imite intégralement la façon dont le mot est formé dans la langue de contact. Cependant, les éléments constitutifs de l'expression calquée ne sont forcément pas des équivalents parfaits.

Exemple (8)

Concept nouveau	Traduction
Ligne de semis	*ondáŋ ó pɛlogandogan* (ligne de plants) ligne de plants
Pied d'arachide	*ongɔɔ ó asɔp* (pied d'arachide) pied de arachide
Arôme de chocolat	*kinugənugə kɛ́ kakáo* (arôme de kakáo) arôme de kakáo
Énergie solaire	*tuɛn tó yoóý* (force du soleil) force du soleil

TABLE 3 : Le calque lexical

4.2.2. La dérivation

La dérivation qui consiste à créer des mots à partir de lexèmes affixés d'un morphème dérivatif se manifeste en yambetta de plusieurs manières :

- **par substitution ou modulation préfixielle**

En parlant de dérivation par substitution ou modulation préfixielle en yambetta, il s'agit autrement d'une dérivation nominale déverbative.

Exemple (9)

Lexème de base	lexème dérivé
kugut « travailler »	*o-kut*[4] (polém) « cultivateur »
kogasɛ « tourner »	*nɛ-gasɛ* « cycle »

- **par réduplication partielle ou totale**

Exemple (10)

4 |Ku-| marque l'infinitif en yambetta. Dans ce lexème, il a été substitué par le marqueur |o-| de la classe1 du premier genre en yambetta (Manifi 2013 : 24).

Lexème de base	lexème dérivé
kogóna (ensemencer)	*mogónagóna* (céréales)
monóma (piquants)	*monómanóma* (insectes piqueurs)
kɛdám (boule)	*ɛdámádám* (fruit)
kinuk (odeur)	*kinugənugə* (épice)

Toutefois, comme Nseme et Chumbow (1990 : 162) le soulignent pour le cas du duálá, la dérivation en yambetta peut se distinguer sous deux formes : la dérivation directe et la dérivation indirecte.

On parle de dérivation directe lorsque le mot dérivé est similaire au lexème de base sur le plan formel et sur le plan sémantique. C'est par exemple le cas de *kinugənugə (épice)* dérivé de *kinuk (odeur)*, ou de *kɛgóna (ensemencement)* dérivé de *kogóna (ensemencer).*

Dans la dérivation indirecte, le mot dérivé maintient une ressemblance formelle avec le lexème de base, mais il subit une extension sémantique considérable qui l'éloigne du lexème de base. Ainsi, le rapport entre le lexème de base et la dérivation n'est plus très visible. C'est le cas de *ɛdámádám (fruit)* dérivé de *kɛdám (boule)*, *mogónagóna (céréales)* dérivé de *kogóna (ensemencer),* ou *nɛgasɛ (cycle)* dérivé de *kogasɛ (tourner)* dans l'exemple (10).

4.2.3. La composition

La composition consiste à combiner des morphèmes, des mots et souvent des phrases. En yambetta, il s'agit beaucoup plus d'associations syntagmatiques, autrement dit de groupes unifiés formés de deux ou plusieurs mots offrant le maximum de cohésion. Ce procédé se manifeste par une description de fonction (ou de but), d'apparence, de comportement et de caractéristiques particulières.

Exemple (11)

	Vocable	Sens primaire	Sens nouveau
Description de fonction ou de but	*məsîin ma kumisə tuan*	machine pour épandre les remèdes	atomiseur
	kidulə kɛ́ kugut polɛ́m	véhicule pour travailler les champs	tracteur
Description d'apparence	*kɛsɔ́m kɛ́ kiɛt*	court arbre	arbrisseau
	kidulə kɛ́ kɛgokón	véhicule grand	bulldozer
Description de comportement	*onkóna piát*	planteur d'arbres	arboriculteur
	onkóna kakáó	planteur de cacao	cacaoculteur
Description de caractéristiques particulières	*kinok kɛ́ məgúí*	pâte d'huile	beurre
	kobány kó´ngəŋ	maladie du mil	anthracnose

TABLE 4 : La composition

Avec la composition, si certains mots paraissent complexes dans leurs structures dans la langue originale, on peut, en considérant leur structure profonde, les faire correspondre à une série de termes, ou à une phrase qui les développe. C'est ce que Ndongo Semengue (2001 : 349) appelle « traduction explication ». Cependant, nous ne perdons pas de vue le principe de brièveté en terminologie prôné par Bangbose (1987 : 8). Selon lui, certaines stratégies d'invention de mots qui impliquent des clauses descriptives relatives s'avèrent parfois maladroites. Par conséquent, il n'est pas bon que les termes soient exagérément longs. Plusieurs exemples en yambetta illustrent cette démarche traductive par explication qui consiste à partir des structures profondes vers les structures de surface.

Exemple (12)

Concept nouveau	Traduction

piquetage	*káágan picuk a otáŋ* (aligner des piquets) mettre piquets en rang
composter	*kusobini nsí na okuŋ o'pian* (amenager la terre avec de l'engrais) arranger terre avec engrais
Coopération	*kɛɛn na pɔt* (être avec des gens) « être avec gens »

TABLE 5 : La traduction explication

4.2.4. L'emprunt

Ce procédé consiste pour une langue à introduire dans son lexique des termes venus d'autres langues. Le plus souvent, les mots issus de ce mécanisme subissent des adaptations ; l'altération de la prononciation n'est qu'un phénomène normal. Ce procédé avait déjà fait incursion dans la langue yambetta il y a longtemps, suite à la nécessité immédiate pour ses locuteurs d'exprimer les réalités nouvelles résultant du contact avec les cultures et les valeurs étrangères. Les langues sources des mots empruntés sont celles qui auraient introduit la réalité nouvelle pour la première fois dans la communauté. C'est un fait qui s'est confirmé au cours de l'enquête lexicale menée dans le cadre de cette recherche. Au regard de la provenance des emprunts existant, on s'aperçoit que la langue yambetta a emprunté au français, à l'anglais et à quelques langues camerounaises.

Exemple (13)

Langue source	terme	mot en yambetta	mot en français
anglais	calendar	*kalɛ́nda*	calendrier
	sugar	*sóga*	sucre
français	café	*kafɛ́*	café
	kilogramme	*kilo*[5]	kilogramme
duala	kɛnyangó	*kɛnyangó*	bouture
rɨkpa	sanga	*sanga*	citron
	ngóto	*ngóto*	tomate
pidgin english	edíkas	*ɛdíkas*	creusoir, pic, pioche
	ónyɔn	*ányɔs*	oignon

TABLE 6 : L'emprunt

Toutefois, en dehors des lexèmes empruntés existant en yambetta, le recourt à l'emprunt comme procédé de création terminologique dans le cadre de cette étude ne s'est avéré décisif que lorsque des procédés internes comme la dérivation ou la composition ne permettaient pas d'exprimer des notions. Alors, les lexèmes empruntés étaient simplement adaptés à la phonologie du yambetta. Autrement dit, il fallait se conformer aux contraintes phonémique, syllabique et prosodique de cette langue ; et manifestement, comme la plupart des langues africaines en général et bantoues en particulier, le yambetta est une langue à tons et n'admet pas de suite consonantique. Par ailleurs, le son [r] n'étant qu'une variante dialectale, il est remplacé par le son [l] dès lors que l'emprunt s'effectue. Les mots suivants illustrent notre argumentation :

Exemple (14)

[5] *kilogramme* tronqué.

Langue d'emprunt	Mot emprunté	vocable nouveau en nigi
français	gramme	*galáam*
français	alcool	*akɔ́ɔl*

4.2.5. La combinaison des procédés

Dans l'innovation lexicale, il est aussi possible à une langue de combiner deux, voire plus de deux procédés (Tamanji 2004 : 86). Cette technique est également exploitée en yambetta.

Exemple (15)

Vocable et sens primaire	Sens nouveau	Procédés combinés	Observations
noóśoś no´ yasal̄ı́áŋ piment de étranger	poivron	*Composition* + *extension sémantique*	Dans *kidok kɛ́ əngis*, *əngis* dont le sens primaire est *œil* a également subi une extension sémantique afin d'avoir pour sens secondaire *graine*.
kidok kɛ́ əngis nombril de graine	hile		
Onguenan moom achèteur choses	acheteur	*Composition* + *dérivation*	*onguenan* (dérivé de *kowɛnan* « acheter habituellement »)
ondɛŋ pigɔ́lí connaisseur travail	technicien		*ondɛŋ* (dérivé de *kolɛŋ* « connaître »)
məśíin má kodɛ́ma machine pour débrous-sailler	débroussailleuse	*Emprunt* + *Composition*	*məśín* (de l'anglais *machine*)
məsíin má kofáman *machine pour épandre*	pulvérisateur	*Emprunt* + *extension sémantique*	*məśín* (de l'anglais *machine*) et *kofá-man* (*épandre* pour exprimer *pulvériser*)

TABLE 7 : Combinaison des procédés de création lexicale

5- La structure syntaxique des termes composés[6]

La composition étant un mécanisme très récurrent dans la création lexicale en yambetta, force est de constater que les termes ainsi développés se comportent comme des syntagmes complétifs ou des syntagmes qualificatifs, et s'écrivent en plusieurs mots sur le plan de l'orthographe avec des séquences immédiates (sans connectif) ou médiates (avec connectif) en respectant scrupuleusement les règles d'association syntagmatique. Ainsi, le concept nouveau peut être rendu de plusieurs manières :

- Il peut s'agir de deux substantifs juxtaposés :

Exemple (16) : agriculteur *okut polɛ́m*
travailleur champ

[6] Quelques abréviations : CON : Connectif ; REL : Relativeur ; MA : Marqueur associatif ; P1 : Passé 1 ; PR : Présent.

- Il peut s'agir de deux substantifs dont le second est un génitif :

Exemple (17): hile *kidok kɛ́ əngis*
nombril CON graine

- Il peut s'agir d'un substantif et d'un qualifiant :

Exemple (18) : fumier *nsí yɛ́ úfîlidi*
terre CON noire

- Il peut s'agir d'un nom qualificatif et d'un substantif :

Exemple (19): cendrier *kɛsɔ́m kɛ́ kiloíok*
morceau CON calebasse

- Il peut s'agir d'un syntagme prépositionnel :

Exemple (20) : solaire *kɛ́ yooý*
du soleil

- Il peut s'agir d'un syntagme prépositionnel qui explique le substantif :

Exemple (21) : pulvérisateur *məsîn má kofaman*
machine pour épandre

- Il peut s'agir d'un syntagme adverbial qui explique le substantif :

Exemple (22) : broméliacées *pɛlogandogan wɔnɔ́ kɛgádógádo*
plantes comme ananas

- Il peut s'agir d'une proposition relative :

Exemple (23) : brûlis *polɛ́m pó poágɔ́lɔ*
champ REL MA.P1.brûler

- Il peut s'agir d'une proposition indépendante :

Exemple (24) : défoliation *piáŋánán pɛladɔ́əŋ*
feuilles MA.PR.tomber

- Il peut s'agir d'un syntagme infinitival :

Exemple (25) : coopération *kɛɛn na pɔt*
être avec gens

6. Elaboration du lexique et remarques sur quelques équivalences catégorielles[7]

L'approche culturelle de la terminologie ne prédétermine absolument pas une méthode particulière de réalisation d'une banque de données terminologiques, du moment que l'on réserve un traitement adéquat à la pluralité des vues et à la variation. Cependant, le lexique élaboré à l'issue de cette recherche fait partie des types d'organisation des données que nous propose cette approche. Il s'agit d'une banque de données terminologiques capable d'informer sur la motivation des dénominations et la perception culturelle des concepts. Celle-ci n'offre cependant pas de traduction mot à mot pour les équivalents immédiats et pour certains quasi-équivalents en

[7] Quelques abréviations relatives aux équivalences catégorielles :

n.f : nom féminin ; subst : substantif ; v. tr : verbe transitif ; s. pr : syntagme prépositionnel ; adj : adjectif ; s. adv : syntagme adverbial ; s. inf : syntagme infinitival ; v. pr. : verbe pronominal.

yambetta, dans le souci d'éviter de la superfluité. Voici comme exemples des entrées de ce lexique pour deux termes, notamment « amande » et « débroussailler ».

Exemple (26)

français	**yambetta**
Amande n.f. Le contenu de la noix	**kɛdám kɛ́ a kaadɛ** subst. « boule de à intérieur »
Débroussailler v.tr. Débarrasser des broussailles	**kodɛ́ma** v. tr.

Le lexique élaboré a été testé auprès d'une trentaine de locuteurs qui ont jugé naturels et acceptables les termes traduits, et qui sont unanimes sur le fait que ces derniers méritent d'être diffusés largement. Parmi les personnes soumises à ce test, on comptait des adultes et des adolescents des deux sexes ; et notre échantillon représentatif de la population cible était de 30 personnes, comme le révèle le tableau ci-après.

Âge de la personne interrogée (ans)	**Profil**			
	Lettrés		**Analphabètes**	
	Sexe masculin	*Sexe féminin*	*Sexe masculin*	*Sexe féminin*
15-29	02	00	03	03
30-49	07	01	04	03
+ de 50 ans	03	00	02	02
Total par sexe	12	01	09	08
Total par profil linguistique	13		17	
Total	30			

TABLE 8 : Du profil des personnes interrogées

Au niveau des équivalences catégorielles, il se trouve que les adjectifs en français pour la plupart, ne le sont véritablement plus dès lors qu'ils sont traduits en yambetta. La plupart des adjectifs se traduisent en yambetta par des noms qualificatifs, des dérivés de noms ou de verbes, et parfois par des adverbes, voire des propositions.

Exemple (27) :

Aratoire adj. Qui se rapporte au labourage	**kɛ́ kogasɛ nsî** s. pr. « pour retourner terre »
Arborescent adj. Se dit des espèces végétales qui atteignent la taille et le général d'un arbre. Se dit d'un végétal qui rappelle l'arbre par sa forme et ses caractères	**wɔnɔ́ kiɛt** s. adv. « comme arbre »
Gras adj. Qui est de la nature de la graisse	**məgút na məgút** subst. « huile et huile »
Mûr adj. Parvenu à maturité	**kowɛ́ɛ** v. intr. « mûrir »

Par ailleurs, certains verbes et certains noms sont traduits par des syntagmes infinitivaux.

Exemple (28) :

Pailler v.tr.	**káágan pɛlaa** s. inf.

Couvrir, envelopper de paille	« mettre paille »
Polyculture n.f. Utilisation des terres fondée sur la pratique, au sein d'une même exploitation agricole, de cultures différentes	**kogon moom muĩŋ ndɛ́ŋdɛŋ́** s. inf. « planter choses beaucoup différentes »

Conclusion

En définitive, nous venons d'exposer la démarche qui a présidé à l'expression des concepts dans l'élaboration d'un lexique thématique bilingue français-yambetta de l'agriculture de 625 entrées. Dans la mesure de nos moyens, nous avons abordé aussi bien le vocabulaire moderne que le vocabulaire traditionnel. Il en ressort que l'innovation sémantique, l'innovation lexicale et l'emprunt aux langues étrangères sont des procédés de terminologie qui permettent de greffer aisément un certain contenu notionnel à des termes pour lesquels une équivalence est requise en yambetta. Peut-être pourrait-on objecter que certains concepts, même traduits adéquatement en yambetta, n'évoquent rien chez les esprits incultes. Mais tout de suite, nous dirions que la même remarque peut être faite pour toutes les langues dotées, car les concepts ne sont pas des expressions naturelles, mais des termes de culture d'un degré parfois très élevé et qui s'appuient les uns sur les autres. Dès lors, il se forme une chaîne intellectuelle de concepts hiérarchisés, si bien qu'il devient impossible de saisir d'emblée les termes supérieurs si l'on n'est pas passé par les termes inférieurs. Toutefois, dans la perspective du traitement automatique des langues africaines, il y a lieu de se demander s'il n'existe pas en yambetta un procédé systématique de création terminologique exploitable en informatique. A la suite de ces ressources terminologiques de base que nous avons développées, nos futurs travaux porteront sur la formalisation des différents procédés de « reconceptualisation » des notions techniques en yambetta ; par exemple, la modélisation des règles fondées sur la morphologie des notions reconceptualisées qui permettront de prévoir leurs classes nominales d'accueil, de décrire la chaîne de réactions morpho-phonologiques de la dérivation, de décrire les règles de phonologisation des emprunts, etc.

Références

BANGBOSE, A. (1997). *Guide pour une terminologie de l'éducation en langues africaines – Sélection et harmonisation*, Dakar, Sénégal, Neida : Réseau d'innovations éducatives pour le développement en Afrique, Bureau régional de l'Unesco pour l'éducation en Afrique.

DIEU, M. et RENAUD, P. (1983). *Atlas linguistique de l'Afrique centrale : situation linguistique en Afrique centrale, inventaire préliminaire, le Cameroun*, Paris, Yaoundé : ACCT/CERDOTOLA/DGRST.

DIKI-KIDIRI M.et al. (2008). *Le Vocabulaire scientifique dans les langues africaines. Pour une approche culturelle de la terminologie*, Paris : Éditions Karthala.

DIKI-KIDIRI, M. (2007). « Eléments de terminologie culturelle », in *Terminologie, culture et société, Cahiers du Rifal, Vol. 26*, Bruxelles : DIKI-KIDIRI et al. (éds), pp. 14-25.

GORDON, R., and GRIMES, B., (eds), (2005). *Ethnologue: languages of the world,* Dallas: SIL, fifteenth edition.

MANIFI, M. (2013). *Terminologie et traduction dans la modernisation des langues africaines : développement d'une terminologie adaptée au discours agricole en yambetta.* Thèse présentée en vue de l'obtention du Doctorat Ph.D en Linguistique appliquée, Université de Yaoundé 1 : Inédit.

MANIFI, M. (2012). « Les défis inhérents à l'intellectualisation des langues africaines : le cas d'une langue camerounaise, le yambetta ». Communication présentée au World Congress of African Linguistics (WOCAL) en août 2012 à Buéa (Cameroun).

NDONGO SEMENGUE, A. (2001). « L'importance du sens dans la traduction des documents technico-scientifiques vers les langues africaines », in *African Journal of Applied Linguistics, n°02*, Centre ANACLAC de linguistique appliquée (CLA), Yaoundé, pp. 335-359.

NSEME, C. et CHUMBOW, B. S. (1990). « Réforme et modernisation du duala », in Istvan Fodor et Claude Hagège, (éds.), *La réforme des langues : Histoire et avenir*; vol. V; Hamburg, Helmut Buske Verlag, pp. 151-170.

TADADJEU, M. et SADEMBOUO, E. (éds). (1984). *Alphabet général des Langues camerounaises*. Yaoundé : Institut des sciences humaines, Collection PROPELCA n°1, Édition bilingue.

TAMANJI, P. (2004). "Indirect borrowing: a source of lexical expansion", in *Africa Meets Europe: Language contact in West Africa*, Georges Echu and Samuel Gyasi Obeng (eds). Hauppauge, N.Y.: Nova science publisher Inc, pp.75-88.

TOURNEUX, H. (2002). « Communiquer avec les paysans dans les savanes d'Afrique centrale », in Actes du Colloque tenu sous le thème : *Savanes africaines : des espaces en mutation, des acteurs face à de nouveaux défis* à Garoua (Cameroun) du 27 au 31 mai 2002. N'Djamena (Tchad) : Prasac – Montpellier (France) : Cirad.

Vers la mise en place d'un lexique basé sur LMF pour la langue Wolof

Mouhamadou KHOULE [1] Mouhamad Ndiankho THIAM [1] El hadji Mamadou NGUER [1]
(1) LANI, Université Gaston Berger de Saint Louis du Sénégal, BP 234 Saint-Louis Sénégal
mouhamadoukhoule@gmail.com, thiamouhamad@gmail.com, emnguer@ugb.edu.sn

Résumé. Le Wolof est la langue la plus parlée au Sénégal mais son utilisation efficace dans l'éducation et la formation requiert le développement d'outils du TALN dont la base de travail est le lexique. Malheureusement un tel lexique n'existe pas et sa mise en place, nécessite au préalable une étude linguistique de la structuration des données de cette langue. Cependant un tel travail a été effectué pour la mise au point d'une base de données lexicale pour la langue Wolof (Cissé et al. 2007). Cette dernière se présente sous forme de fiches lexicales où des répétitions sont notées au niveau des entrées. De plus certaines informations morphologiques du lexème (formes fléchies et dérivées) n'y sont pas représentées. L'objectif de cet article est de mettre en place un lexique pour la langue Wolof en partant du travail de restructuration effectué dans (Cissé et al. 2007) mais en apportant des solutions aux problèmes cités ci-dessus.

Abstract. Wolof is the most widely spoken language in Senegal, but its effective use in education and training requires the development of NLP tools which is based on lexicon. Unfortunately such a lexicon does not exist and its implementation, requires prior linguistic study of the data structure of the language. However, such work has been done for the development of a lexical database for the Wolof language (Cissé et al. 2007). The latter is in the form of lexical records where rehearsals are noted at the inputs. In addition, some morphological information of the lexeme (inflected and derived forms) are not represented. The objective of this paper is to develop a lexicon for language Wolof starting the restructuring work done in (Cissé et al. 2007) but in providing solutions to the problems mentioned above.

Mots-clés : TALN, modèle, lexique, XML, LMF.
Keywords: TALN, model, lexicon, XML, LMF

1 Introduction

Le Sénégal est un pays dont 80 %[1] de la population ne comprennent pas réellement la langue officielle qu'est le français. Cela constitue un véritable handicap pour former de manière efficace la population, gage d'un développement économique réel et durable. Pour pallier à ce problème il s'avère nécessaire d'utiliser les langues nationales comme le wolof qui est compris par plus de 80 % [2]de la population.

Comparée aux langues étrangères comme le français et l'anglais, le wolof n'a pas profité des avancées du TALN dont la principale base de travail est le lexique. Notons qu'un tel lexique, qui n'est toujours pas mis en place pour la langue Wolof à l'état actuel de la recherche, requiert au préalable une étude linguistique de la structuration des données de cette langue.

Un travail de structuration de la langue Wolof a été effectué pour la mise au point de base de données multifonctionnelle pour cette langue (Cissé et al. 2007). Cette base de données lexicale est composée d'un ensemble de fiches lexicales. Néanmoins certaines informations morphologiques relatives au lexème ne sont pas disponibles sur les fiches lexicales. De plus on note beaucoup de répétitions au niveau des entrées lexicales de la base.

L'objectif de notre travail est de mettre en place un lexique pour la langue Wolof en partant du travail de restructuration effectué dans (Cissé et al. 2007). Il s'agit de structurer ces fiches lexicales suivant le standard LMF (Lexical Markcup

[1] La Francophonie dans le monde 2006-2007, éd. Nathan, Paris, mars 2007.

[2] Recensement général de la population et de l'habitat de 1988, publiés en juin 1993 par la Direction de la Prévision et de la Statistique.

Framework) qui n'est pas un format mais plutôt un méta-modèle. Ce qui nous permettra de supprimer certaines redondances mais aussi de pouvoir ajouter certaines informations morphologiques au lexème. Dans la suite du document, nous présenterons d'abord les travaux effectués dans (Cissé et al. 2007), ensuite nous parlerons du standard LMF pour enfin terminer par la structuration des fiches en suivant l'esprit LMF. L'objectif final consiste à exporter l'ensemble des fiches structurées au format LMF dans une base de données lexicale qui servira de base de travail pour la mise en œuvre d'un correcteur orthographique interactif pour la langue wolof.

2 Travaux antérieurs pour la mise en place d'une base de données lexicale pour le Wolof

Le terme Wolof désigne à la fois la langue Wolof et l'ethnie parlant le Wolof. Le wolof est la langue la plus parlée au Sénégal (par l'ethnie Wolof, environ 45 % de la population, ainsi que par les populations non-wolofs du Sénégal). Cette langue, qui est aussi parlée en Gambie et en Mauritanie, connaît une expansion culturelle fulgurante. Le wolof a longtemps été écrit avec l'alphabet arabe complété (Ajami). Cette écriture est généralement utilisée par la population formée dans les écoles coraniques (daaras), mais le wolof utilise également l'alphabet latin avec des conventions particulières pour respecter les sons particuliers de cette langue. Notons que l'alphabet latin est l'alphabet officiellement adopté par l'état. Néanmoins l'alphabet arable complété qui est aujourd'hui harmonisé est aussi reconnu par l'état. Notre travail fait référence à l'alphabet latin du Wolof.

Le Wolof, comme beaucoup de langues africaines, a connu peu d'essais d'élaboration de bases de données lexicales. Il faut saluer les quelques efforts faits jusqu'ici. A ce titre on ne retrouve que le projet de mise au point d'une base de données lexicale multifonctionnelle (Cissé et al. 2007). Il est question dans ce projet de constituer une base de données lexicale à partir de laquelle extraire à la fois un dictionnaire unilingue wolof et un dictionnaire bilingue wolof/français. Il se fixe parmi ses objectifs de produire des sorties XML et de concevoir des modèles XSL pour l'interrogation.

Le schéma descriptif des entrées repose sur une hiérarchisation en trois niveaux des données. Cette hiérarchisation permettra, entre autres, d'utiliser le dictionnaire avec un degré de granularité différent selon les besoins des usagers. Au premier niveau d'information, qui correspond au champ de la lexie, sont associées les informations hiérarchisées sur deux autres niveaux comme suit :

- champs secondaires : information qualifiant directement le champ primaire « lexème », telles les données se rapportant à la « catégorie grammaticale » ou aux « synonymes ».

- champs tertiaires : information qualifiant une donnée secondaire. Par exemple, le champ « classe nominale » est un champ subordonné du champ « catégorie grammaticale ».

La figure 1 présente une illustration d'une entrée ainsi que les champs qui lui sont associés (Cissé et al. 2007). L'image est obtenue à partir de l'outil Toolbox que les concepteurs ont utilisé pour la conception de la base de données. Ce qui explique la présence des champs d'administration (statut de la fiche, commentaires, auteur du statut de la fiche).

\lex Lexème wolof	askan
\uttW Transcription phonétique	esken
\fsLW Fichier son du lexème wolof	C:\Dictionnaire_Wolof\askan_population.wav
\catW Catégorie grammaticale du lexème wolof	turu bokkaale
\clasW Classe nominale du lexéme wolof	w-
\srcLW Source du lexème wolof	
\defW Définition du lexème wolof	Mbooleem ñi bokk dëkkandoo
\srcDW Source de la définition du lexème wolof	
\attW Contexte d'attestation du lexème wolof	Texte juridique
\srcAW Source du contexte d'attestation du lexème wolof	Déclaration universelle des droits de l'homme (http://www.unhchr.ch/udhr/lang/wol.htm)
\nusW Note d'usage du lexème wolof	
\varW Variante du lexème wolof	
\synW Synonyme du lexème wolof	
\homW Homonyme du lexème wolof	askan
\homW Homonyme du lexème wolof	askan
\exDerW Expression dérivée du lexème wolof	
\lexSrcW Lexème source de l'expression dérivée	
\CA Corpus associé	CC
\tradFlex Traduction francaise du lexème wolof	Population
\catF Catégorie grammaticale de la traduction francaise	nom
\phrW Phrase d'illustration du lexème wolof	Njaboot nekk na meññeef gu am solo ci askan wi.
\fsPhrW Fichier son de la phrase d'illustration	C:\Dictionnaire_Wolof\askan_population_phr.wav
\tradPhrW Traduction francaise de la phrase d'illustration	La progéniture constitue une ressource importante pour la population.
\stat Statut de la fiche	ok
\cmt Commentaire	
\autStat Auteur du statut de la fiche	AMD
\dat Date de dernière modification de la fiche	10/Apr/2008

Figure 1: exemple de fiche lexicale complète obtenue avec l'outil Toolbox

Bien que l'envergure de ce projet soit grande, au niveau du modèle on se rend compte que l'on a affaire à des concepts assez simples. En effet la structuration est celle d'une fiche. On a une liste de fiches avec tous les champs nécessaires et des renvois possibles entre fiches (synonymie, homonymie). Les concepteurs ont pris un certain nombre de dispositions vis-à-vis des spécificités de la langue Wolof. Par exemple au niveau des entrées on note beaucoup de répétitions, chose qu'ils justifient par les besoins de différentiation par les termes suivants (Cissé et al. 2007): "S'agissant d'une base de données informatisée, nous avons volontairement privilégié une « structuration monosémique » afin de répondre adéquatement aux exigences de l'ingénierie linguistique. Dans la pratique, cela signifie qu'une lexie wolof polysémique (à laquelle correspond nécessairement plus d'un équivalent en français) fera l'objet de plusieurs entrées''. De plus certaines informations morphologiques du lexème telles que les formes dérivées et fléchies ne sont pas disponibles dans la fiche. Dans la partie suivante, nous allons restructurer les fiches en suivant le standard LMF tout en y ajoutant certaines informations morphologiques relatives au lexème. Ceci va nous permettre aussi de supprimer certaines redondances au niveau des entrées.

3 Vers une élaboration du lexique basé sur LMF

3.1 Choix et présentation générale de LMF

3.2 Choix de LMF

Concernant les standards, nous avons porté notre choix sur LMF (Lexical Markup Framework) devenu norme ISO numéro 24613 :2008 en novembre 2008 (Enguehard et al. 2011) pour plusieurs raisons. Tout d'abord les objectifs de LMF sont de fournir un modèle commun pour la création et l'utilisation de ressources lexicales, mais aussi de permettre l'interopérabilité entre ces ressources (Francopoulo et al. 2006). Elle permet la spécification de ressources linguistiques monolingues et multilingues destinées à l'usage éditorial et du TALN. Les langues couvertes par LMF ne se limitent pas aux langues européennes mais à toutes les langues naturelles. De plus elle assure une modélisation extensible et modulaire couvrant tous les niveaux de description linguistique (morphologique, syntaxiques, sémantique, etc.).

3.3 Présentation générale de LMF

LMF est une initiative au sein de l'ISO en faveur de la normalisation de la représentation des ressources lexicales. A partir des expériences acquises au cours des études antérieures (Genelex, EAGLES, ISLE, Multext, TEI), l'idée est de proposer un modèle de données modulaire, indépendant vis-à-vis d'une théorie lexicographique particulière et permettant de s'abstraire de la représentation concrète (SGML/XML, DTD propriétaire ou TEI, base de données relationnelle, etc.).
LMF propose un méta-modèle constitué d'un noyau obligatoire autour duquel gravitent des extensions (morphologique, syntaxique, sémantique et MRD) (Francopoulo et al. 2006). Le noyau de LMF est présenté par la figure 2. L'objet «Lexical Entry » contient un ou plusieurs objets « Form » et un ou plusieurs objets « Sense».

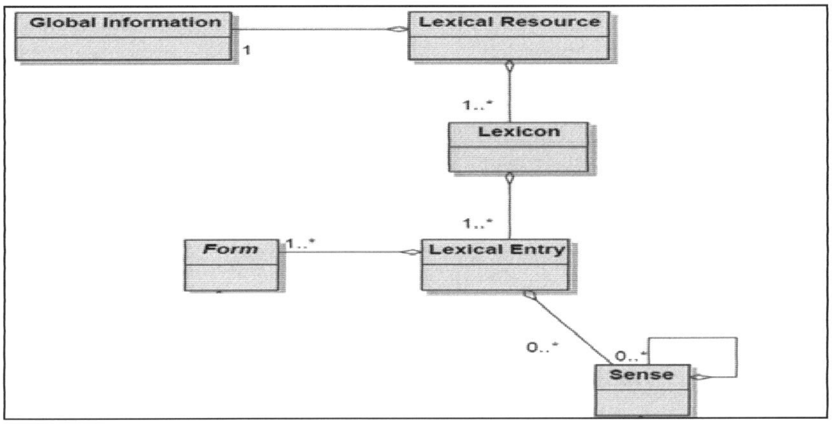

Figure 2 : Noyau du méta-modèle LMF

Nous allons maintenant structurer nos fiches en suivant ce méta-modèle.

3.4 Structuration des fiches en suivant l'esprit LMF

Les fiches produites dans les travaux dans (Cissé et al.2007) sont disponibles au format XML. Nous allons maintenant les structurer en suivant l'esprit LMF. La figure 3 présente une fiche lexicale après l'ajout des balises de structuration. La figure 4 présente la fiche au format LMF. La balise « fiche » correspondant à l'objet « Lexical Entry », la balise « bloc-vedette » correspond à l'objet « form» et la balise «bloc-sémantique » correspond à l'objet «Sense ». Nous allons juste prendre les informations dont nous avons besoin au niveau de la fiche lexicale. Nous ajouterons ensuite certaines balises de restructuration pour que nos fiches prennent en compte les formes fléchies et les formes dérivées.

```
<fiche>
        <bloc-vedette><lex>askan</lex><uttW>ɐskɐn</uttW><bloc-vedette>
        <bloc-grammatical>
                <catW> turu bokkaale</cat>
                <clasW> w- </clasW>
                <bloc-sémantique>
                        <defW>Mbooleem ñi bokk dëkkandoo</defW>
                        <attW>Texte juridique</attW>
                        <srcAW>Déclaration universelle des droits de l'homme
(http://www.unhchr.ch/udhr/lang/wol.htm)</srcAW>
                        <phrW>Njaboot nekk na meññeef gu am solo ci askan wi.</phrW>
                        <tradFlex>population</tradFlex>
                        <catF>nom</catF>
                        <tradPhrW>La progéniture constitue une ressource importante pour la
population<tradPhrW>
                        <synW></synW>
                        <homW>askan</homW>
                        <homW>askan</homW>
                </bloc-sémantique>
        </bloc-grammatical>
</fiche>
```

Figure 3: fiche après structuration

Après avoir structuré nos fiches en bloc, nous allons les restructurer en suivant le standard LMF. La balise /WordForm permet de prendre en charge les formes fléchies et la balise /RelatedForm les formes dérivées.

```
<LexicalEntry id="1">
        <feat att="partOfSpeech" val="noun"/>
        <feat att="affixClass" val="w-"/>
<Lemma><fea att="writtenForm" val="askan"/><fea att="phoneticForm" val="ɐskɐn"/></Lemma>
<WordForm></WordForm>
<Sense>
    <Definition> <feat att="writtenForm" val="Mbooleem ñi bokk dëkkandoo"/> <feat att="source" val=""/></Definition>
    <Contecxt><feat att="text" val=Njaboot nekk na meññeef gu am solo ci askan wi."/></Context>
    <Context><feat att="language" val="fra"/><feat att="text" val="La progéniture constitue une ressource importante pour la population"></Context>
    <SubjectField><feat att="writtenForm" val="Texte juridique"/><feat att="source" val="Déclaration universelle des droits de l'homme (http://www.unhchr.ch/udhr/lang/wol.htm)"/> </SubjectField>
    <Equivalent> <feat att="language" val="fra"/> < feat att="partOfSpeech" val="noun"/><feat att="writtenForm" val="population"/></Equivalent>
    <SenseRelation target=""><feat att="label" val="synonym"/></SenseRelation>
    <SensRelation target="askan"><feat att="label" val="homonym"></SenseRelation>
    <SensRelation target="askan"><feat att="label" val="homonym"></SenseRelation>
</Sense>
<RelatedForm> </RelatedForm>
</LexicalEntry>
```

Figure 4: Fiche au format LMF

4 Conclusion

L'objectif des travaux présentés dans cet article est de mettre en place un lexique basé sur LMF (Lexical Markup Framework) pour la langue Wolof parlée par près de 80% la population sénégalaise. Nous avons pour cela fait un état de l'art des bases de données lexicales en Wolof. Ce qui nous a permis de constater que les travaux allant dans ce sens restent uniquement ceux dans (Cissé et al. 2007) dont le but principal est l'étude de la structuration de la langue Wolof et la mise au point de base de données multifonctionnelle pour cette langue.

Cette base de données lexicale, composée d'un ensemble de fiches lexicales, présente néanmoins quelques inconvénients : certaines informations morphologiques relatives au lexème ne sont pas disponibles sur les fiches et on note aussi beaucoup de répétitions au niveau des entrées lexicales de la base. Cependant elle permet de produire des sorties XML des fiches lexicales.

Pour obtenir un tel lexique, nous avons d'abord restructuré ces fiches lexicales en différents blocs pour ensuite proposer une méthode de conversion de ses fiches lexicales en suivant le standard LMF, tout en y ajoutant certaines balises pour la prise en charge des formes fléchies et dérivées relatives au lexème.

Ce travail de mise en place d'un lexique pour la Wolof est très bénéfique dans la mesure où il constitue une base de travail nécessaire pour développer un correcteur interactif et un traducteur automatique pour cette langue.

Dans nos futurs travaux, nous comptons automatiser la structuration des fiches selon LMF en utilisant une feuille de style XSLT, pour mettre en place une base de données lexicale normalisée LMF pour la langue Wolof, concevoir un outil d'intégration des différentes fiches lexicales structurées suivant l'esprit LMF et un outil d'enrichissement et d'interrogation de la base de données normalisée.

5 Bibliographie

Cisse M.T., Thiaw N. F. (2007) Le projet de dictionnaire unilingue wolof et bilingue wolof-français : une base de données lexicale. Actes des Journées ASR 2007, Tunis.

Cisse M.T., Diagne A.M., Campenhoudt M.V., Muraille P. (2007) Mise au point d'une base de données lexicale multifonctionnelle : le dictionnaire unilingue wolof et bilingue wolof-français. Actes des Journées LC 2007, Lorient.

Enguehard C., Mangeot M. (2011) Informatisation de dictionnaires langues africaines-français. Actes des journées LTT 2011, Villetaneuse.

Francopoulo G., George M., Calzolari N, Monachini M., Bel N., Pet M., Soria C. (2006) Lexical Markup Framework (LMF). LEREC, Genoa.

Baccar F., Khemakhem A., Gargouri B., Haddar K., Hamadou Abdelmajid B. (2008) Modélisation normalisée LMF des dictionnaires électroniques éditoriaux de l'arabe. TALN 2008, Avignon,France

The Mwan language : dictionary and corpus of texts

Elena Perekhvalskaya
Institute for Linguistic Studies, Russian Academy of Sciences, 9 Tuchkov p. 196054 St. Petersburg, Russia
elenap96@gmail.com

Résumé. Le projet d'un dictionnaire et un corpus de textes glosés en langue mwan a démarré en 2004. Auparavant, aucun dictionnaire de cette langue n'avait existé, et seuls quelque textes avaient été publiés. Le système d'écriture utilisé dans ces publications a été non-systématique car elle n'assurait pas la représentation exacte du contour tonal de mots. Actuellement le dictionnaire mwan a 2247 entrées, il est également utilisé pour interlinearization automatique de textes mwan. 48 textes sont glosés à ce moment (38000 mots). Ce corpus est prêt à la conversion en corpus numerique en ligne (à la base de NoSketchEngine software), et publiée en Internet ; ils seront donc disponibles à la communauté linguistique.

Abstract. The project of making a dictionary and a corpus of interlinearized texts of the Mwan languages started in 2004. Previously there were no dictionary of this language, and only a few text were published. The writing system used in these publications was controversial as it did not made the accurate fixation of the tonal contour of words. At present the dictionary of Mwan has 2247 entries, the dictionary is also used for automatic interlinearization of Mwan texts. The number of the glossed texts is actually 48 (38000 words). These text are ready to be converted into the on-line Corpus (with the help of the NoSketchEngine software), and be published in the Internet, therefore they will be available to the linguistic community.

Mots-clés : Corpus Mwan, dictionnaire, Mwan, Mandé Sud

Keywords: Mwan Corpus, dictionary, Mwan, South Mande.

1 Introduction

Mwan is a small language of the Southern Mande group spoken in the Kongasso subprefecture in central Côte d'Ivoire. According to Ethnologue-14, there were about 20000 ethnic Mwan (Ethnologue code: moa ISO 639-3). Typologically, Mwan can be characterized by its complex tonology. There are three level tones and two contour tones. A significant part of the inflectional morphology is tonal. Derivational morphology is based on compounding. One of the most interesting, from typological viewpoint, features of the language is a great number of pronominal series marked for polarity, focus and grammatical relations. The first serious work on Mwan was the article of M. Bolli and E. Flick that presentes a description of the Mwan phonology (Bolli, Flick, 1978). Later the work on Mwan was carried out by C. Fleming (Fleming, 1995) and A. Yegbé (Yegbé, 2002).

Mwan was never an officially written language, it was never used in mass media. Only three books were ever published in Mwan; a Syllabaire (Zogbé Djè 1998), a book of folk tales containing 20 texts (Gogbé 2001) and a recently accomplished translation of the New Testament (Bible 2006). My work on the Mwan language was carried out in the frames of the project of creating dictionaries, grammars and text corpora for the South Mande languages (Perekhvalskaya, 2004, 2007, 2008, 2011, 2013). In this presentation I will limit to the dictionary and the Mwan text corpus. I used the Toolbox software, and I will discuss the problems which I faced in the course of my work.

2 Writing system

Computer orientated linguistic work needs a consistent and single-valued writing system. It can probably be achieved only in the case when the writing system of a language is strictly codified as, for instance, the French or English orthography or if it is used only for linguistic purposes by one linguists.

Languages with a resent writing tradition as a rule suffer from:

- the lack of coordination between those who write; in extreme cases every one may use his/her own system of writing;

- the lack of consistency: one and the same word may be written down differently in the limits of the same text, sometimes on the same page;

- over-distinction or under-distinction of segmental or suprasegmental relevant units;

- dialect or idiolect variation.

It is necessary to elaborate an appropriate writing system which would be basic for the automatic text processing.

This system must be consistent and, probably (but not obligatory), based on the existing orthography sometimes with some modification.

The conversion of the existing texts into texts suitable for automatic processing may be automatic only if the correlation between their writing systems is consistent, otherwise it has to be done manually.

In my Mwan corpus, I use the writing system that was created on the basis of the existing alphabet based on the Latin script proposed by Margrit Bolli and Eva Flick in 2000 in the frames of the SIL International activities. The main defect of the Bolli and Flick's representation of the Mwan sound system is the tone marking. They denoted tones with punctuation marks (apostrophe, hyphen, equal sign). For one vowel words High tone was marked by the apostrophe, Low tone by the hyphen, Middle tone by the absence of a sign, the equal sign marked the modulated tone: e.g. *'fɛ* /fɛ́/ 'house'; *ye* /yē/ 'to see'; *-yi* /yì/ 'water'. For two-vowel words, if the two vowels bear the same tone, only the tone of the first vowel was marked: *'peni* /pén̰í/ 'sting'; *bie* /bīē/ 'elephant'; *-vakɔ* /vàkɔ̀/ 'sugar cane'. If the first vowel bears Low tone, and the second is "higher" (High or Middle), the end of the word is labeled with the apostrophe: *-gbaan'* /gbà̰ā̰/ 'dog'; *-soo'* /sòó/ 'horse'. If the tone of the first vowel is High, and the tone of second vowel is "lower" (Low or Middle), the end of the word is marked by the hyphen: *'pubɔ-* /púbɔ̄/ 'to greet'; *'kpata-* /kpátà/ 'rack'. The Middle tone on the first vowel is not marked, the High tone of the second vowel is denoted with the apostrophe, the Low tone of the second vowel being denoted with the hyphen: *kɔnɛ'* /kɔ̄nɛ̰́/ 'bug'; *nina-* /nḭ̄nà̰/ 'to return'. For three-vowel and more complex words only the tone of the initial vowel is denoted: *-amasrɔyi* /àmā̰srɔ̀yí/ 'because'; *laanima* /lāān̰ímā̰/ 'upwards'; *'ŋkɛna* [ŋ́kɛ̀nà̰] 'good morning'.

This system of tone marking makes it impossible to record accurately the tone contour of the word and therefore can not be used for the language documentation. In my project the tones are consistently marked: the Low tone is indicated by "gravis", the High tone by the sign "acute accent", the Middle tone is denoted by the macron, the sign "circumflex" is used for rare cases when the modulated HL (v́v̀) tone is beard by a short vowel. Nasalized syllables are marked by the tilde under the vowel: *bīē* [bīē] 'elephant', *gbà̰ā̰* /gba̰ā̰/ 'dog', *kɔ̄nɛ̰́* /kɔ̄nɛ̰́/ 'bug', *púbɔ̄* /púbɔ̄/ 'to greet'.

3 Dictionary

The dictionary for the automatic language processing may be just auxiliary, containing only necessary fields : lemma, alternative variants, tags and glosses. However, it must contain not only lexemes of the language but also bound morphemes with all their free or context depending variants.

In the frames of my project, the Mwan dictionary created on the basis of the Toolbox software is at the same time a full dictionary of the language and the auxiliary dictionary for interlinearization. It contains fields of a full Mwan-French-English-Russian dictionary and also fields for glosses (in three languages). An export made from the Toolbox (Dictionnaire mwan-français) is available on line http://mandelang.kunstkamera.ru/files/mandelang/introd_mwan.pdf; http://mandelang.kunstkamera.ru/files/mandelang/mwan_dic.pdf

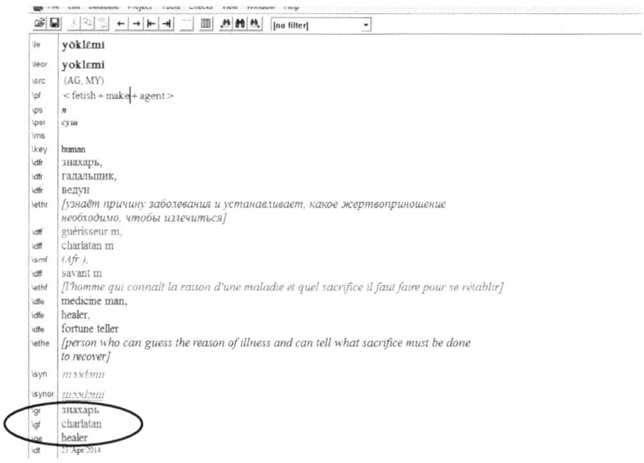

FIGURE 1 : Page of the Mwan-French-English-Russian Dictionary

At present, the Mwan dictionary contains 2247 entries : words and bound morphemes. The lemma (the field \le) is given in scientific orthography; the field \leor copies the lemma in practical writing. No transcription is given as the scientific notation makes it possible to establish unambiguously the phonemic structure of the word. Verbs are given as roots in the field \le, which is used for interlinearization and in nominalized from (with the suffix -le) in the field \leor which is intended for the native speakers of Mwan.

The dictionary contains also bound morphemes (inflectional or derivational), which are needed for the morphological analyzer. The field \a contains all variants, segmental and tonal, free and contextual. When the variant form is an indissoluble unit, it is unscrambled in the field u\. Example : there is a tonal morpheme in Mwan. The Middle tone marks the Habitual aspect in verb. So the dictionary contains the morpheme coded as -= and glossed HAB. Habitual verbs forms are unscrambled (the field \u) as having the morpheme -= (see Figure 2.)

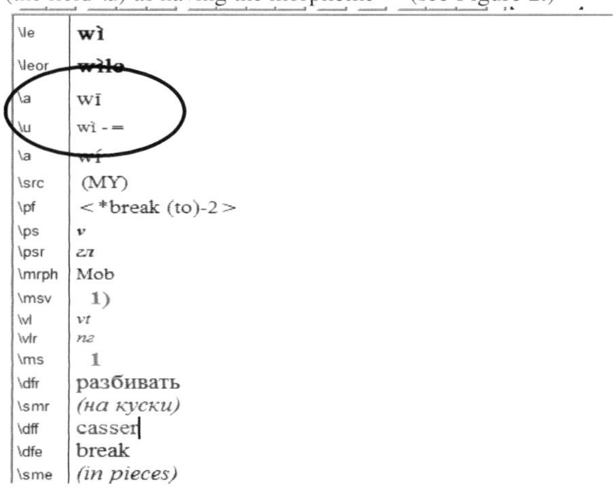

FIGURE 2 : Presentation of a tonal morpheme

Every entry contains all the grammatical information concerning the corresponding lexeme or morpheme : 1) word class (\ps); 2) morphonological, free or dialect variants (\a); 3) information on the inflectional type (\mrph); 4) irregular forms

(\gre); 5) stylistic usage (\use). The idiomatic usages are given inside the corresponding entry. Many entries are provided with illustrative examples. For polysemous words definitions, explanations, examples and idiomatic expressions are given for each value.

3 Interlinearization

The interlinearization of texts is made in the frames of the Toolbox software. The line \mb is produced automatically by the morphological analyzer with the help of the morphemic dictionary. Each morpheme is glossed (in three languages). If there are two or more possibilities of the morpheme analysis, the homonymy is removed manually (see the box in Fig. 3.)

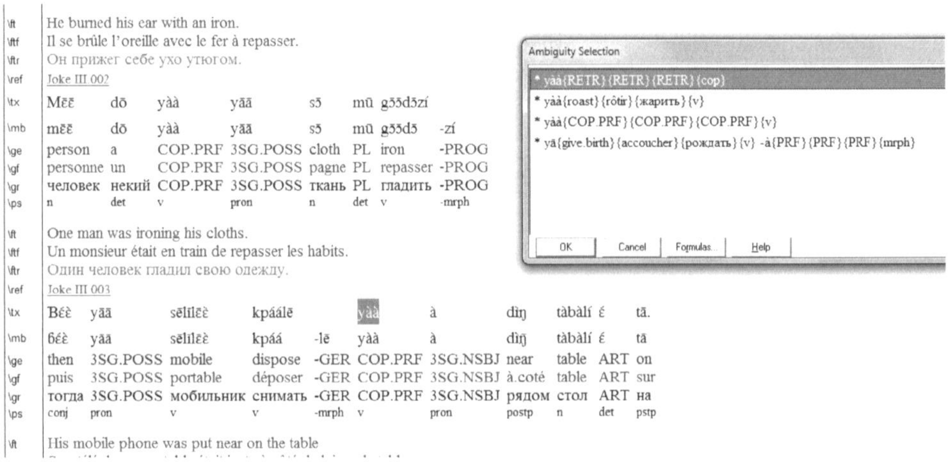

FIGURE 3 : P

In some cases the word frequency is taken into account. Homonyms of frequent lexemes or morphemes which are much rarer, are derived from the morphemic search. They are listed under the field \lx. If necessary, they are moved back to the field \le (manually).

So, the dictionary, in fact, contains a part which is NOT used for interlinearization (Passive words). However, it is possible to move them to the Active part when necessary.

Examples of these "removed" homonyms: *dɔ̄ɔ̄* 'winged termite', homonym for *dɔ̄ɔ̄* 'that' (marker of indirect speech); *yàà* 'prickly yam', homonym for *yàà* 'was, were (Perfective of the copula *ò*), *yàà* 'to roast, to grill'.

Another example is taken from my Udihe Corpus project[1]. The dictionary of this language contains three homonyms: 'ai 'ai 'elder brother', 'vodka, strong spirit' and 'ai 'buttocks'. As the majority of the available Udihe texts are folk tales, so 'elder brother' is a very frequent lexeme, 'vodka' is much less frequent, and 'buttocks' is extremely rare. Therefore, the last two units are placed to the Passive part of the dictionary.

Sometimes such homonymy of unequal value can be solved by taking in consideration the context. E.g. in Udihe Corpus there two homonym morphemes: -ni 'marker of the 3 Sg' and -ni 'a rare variant the Dative case marker'. The variant of the Dative marker appears only in postpositions and only before the markers of person/number (postpositions are a specific class of nouns). I put the sequences like *-nini* as a separate entry in the dictionary without a gloss but with the field u\ which "explains" the form as *-du* 'DAT' and *-ni* '3SG' (Fig. 4).

FIGURE 4 : P

---

[1] I am also engaged into the corpus project of Udihe which is not an African language. However, the experience obtained while making the corpus of a small mainly unwritten language may also be useful for preparing corpora of an African language.

Words belonging to different word classes (which have different tags in the field \ps) are given as different entries, even if the etymological link between them is obvious, e.g. : Mwan *kɔ̀ɔ̀* 'hand' (noun) and *kɔ̀ɔ̀* 'with', 'at', 'in the hands of' (postposition); Udihe: *tuəʒə* 'winter house', *tuəʒə* 'to spend the winter, to hibernate'.

Glosses. From the semantic point of view glosses do not provide the true translation, as they are conventional. One and the same gloss is ascribed to all the values of a polysemous word, including, for instance, valence changing p-labile verbs; e.g. Mwan: the verb wlā has the following meanings: 1) 'to arrive', 'to come in'; 2) to enter (school), to join (organization); to convert oneself (to religion); 3) 'to make come', 'to make enter'; 4) to put on (of hats). The unique gloss is enter. The noun wī denotes: 1) animal (general word); 2) meat; the gloss is meat. Obviously, a gloss may be more or less opportune in different contexts.

In Udihe, the word *mafa* has the following main meanings: 1) old man; 2) husband; 3) bear. All the three words are extremely frequent in folk tales and sometimes appear in the same text, like "The bear said to the girl: I have found you a husband". It would be really misleading to use the same gloss for all the three meanings which seem nevertheless the values of the same word (at least etymologically). They can be given as separate entries in the dictionary. It would multiply variants in the ambiguity selection box. It is possible to ascribe more than one gloss to the same entry (Figure 5)

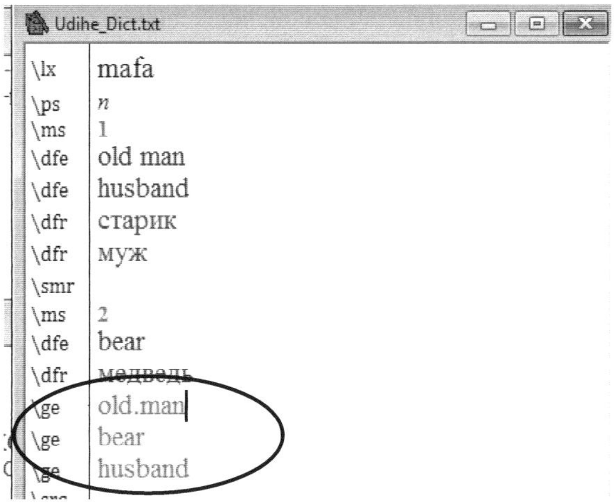

FIGURE 5 : Doubling (trebling) of a gloss

In this case the Ambiguity selection box will give only one possibility: *mafa*, which will significantly reduce the number variants; the selection between meanings will be maid in the next step.

The free translation is also given in three languages.

4 Corpus of the glossified texts

4.1. Composition of the Corpus

At present, the number of interlinearized Mwan texts is 48, the total number of words is about 38000. The texts belong to the following genres :

- oral transcribed texts :
    - folk tales;
    - tales (including tales of witchcraft);
    - oral history;
    - dialogues;
- texts taken from published sources:
    - folk tales;
    - tales (including funny stories);
    - proverbs;

- translations from French.

Oral texts, especially dialogues, contain a large amount of incomplete sentences, hesitation pauses, discursive markers and loans from other languages, mainly, from French and Jula. All these elements have to be present in the dictionary (or in a supplementary dictionary) otherwise the automatic processing would be impossible.

Oral texts present the following problems:

- unfinished or illegibly pronounced words;

- discursive markers and expletive words;

- words from other languages, especially when recording dialogues with code-switching.

Written texts, as a rule, use the inconsistent orthography:

- compositions of two or more roots may be written as one solid word and as two or three words in the frames of one and the same text;

- suffixes are written together with the root or separately;

- imprecise tone marking.

Both types of texts contain a lot of non generally known toponyms and anthroponyms.

As Toolbox makes it possible to use more than one dictionary for interlinearization, all anomalous segmental units may be grouped in a Supplementary dictionary. It is possible to make several supplementary dictionaries: for anthroponyms, for non adopted words of the dominant language, for some sort of rubbish (incomplete words, pauses of hesitation etc).

As for the inconsistency in written texts, the original version should be presented in a separate field (\txor) which is not used in automatic processing. The field \tx has to be filled with the uniformly written words.

4.2. Corpus search

The interlinearised, annotated and translated text can be easily transferred into an Internet accessible interface with the possibility of searching (for instance, using the NoSketchEngine software platform).

At present it was done for the Udihe project. As an illustration I present two concordances for the discussed above word *mafa* 'bear, husband, old man' 1) as a single word *mafa* (Figure 6) and 2) *mafa-ni* with the marker of 3SG(Figure 6):

FIGURE 6 : Results of the search for *mafa-ni*

Shneider_Anuj14.072	xauntasi-ga-i " ogbö xoktoni bise-jeu ,	mafa bear	xoktoni bise-jeu ? " Anci , guŋke , j'eu
Baskakova III.03.001	bagdiheti , bimie , bimie omo amba , omo	mafa bear	emeheni . Zuu aziga bihileni emeheni .
Baskakova III.03.011	Digalahani amba digahani . Neŋuni neehani	mafa bear	digalahani mene moxozi . Mafa digahani
Baskakova III.03.012	neehani *mafa* digalahani mene moxozi .	Mafa bear	digahani . Zuu aziga mafalahani . Exini-tene
Baskakova III.03.050	b'ahanzifei ŋenieti amintigifei . Omo	mafa bear	, omo amba sitetigi digaŋkini : - Jele
Baskakova III.03.054	iigiheti . Zugdifei bisiti . Omo amba , omo	mafa bear	bisiti amiti . Mafa mene buatigi ŋenieni
Baskakova III.03.055	bisiti . Omo amba , omo *mafa* bisiti amiti .	Mafa bear	mene buatigi ŋenieni . Amba mene buatigi

FIGURE 7 : Results of the search for *mafa*

The obtained results show that these words are not complete homonyms: *mafa* 'bear' does not attach the personal marker; *mafa* 'husband, old man' is always used with the personal marker > *mafa-ni* which is logical, as *mafa-ni* 'husband' is a kinship term.

This small demonstration shows great possibilities of language corpora for linguistic research. In theory, any Udihe noun can attach the 3 Sg suffix, so the distinction between these two words was not clear. The research based on the massive data showed that the words *mafa* 'bear' and *mafa-ni* 'old man', 'husband' differ by their grammatical behaviour, thus, they probably should be regarded not as different meanings of the same word but as different words.

Conclusion

The demonstrated above algorithm of creating language coropora may be represented as follows:

transcription of an oral text digitizing of a printed text

|

unifirm written representation

|

creating a Toolbox project

|

interlinearisation with Toolbox

|

concerting the interlinearized texts into a linguistic corpus using the NoSketchEngine software platform.

This is a rather strait and relatively easy way to create a coprus of a rarer used language.

References

BIBLE (2006). -Jan 'Nranle- 'Sɛwɛ. Le nouveau Testamenten mwan de Cote d'Ivoire. Bienne, Suisse : Wycliffe Bible Translators.

BOLLI M., FLICK E. (1978). La phonologie du Muan. *Annales de l'Université d'Abidjan. Sér. H.*, T. XI, Fasc. 1.

FLEMING C.B. (1995). *An introduction to Mona grammar.* Thesis (M.A.). Arlington : University of Texas.

GOGBÉ A. (2001). *Mwa ta can mu-le –gɛ. Contes Mwan.* Abidjan : CIL.

PEREKHVALSKAYA E. (2004). La morphologie verbale du mwan (Côte-d'Ivoire). *Mandenkan* 39, 69-85.

PEREKHVALSKAYA E. (2007). Les propositions relatives en mwan. *Mandenkan* 43, 47-59.

PEREKHVALSKAYA E. (2008). Body parts and their metaphoric meanings in Mwan and other South-Mande languages. *Mandenkan* 44, 53-62.

PEREKHVALSKAYA E. (2011). Nominalization in Mwan. *Mandenkan* 47, 57-75.

PEREKHVALSKAYA E. (2013). L'espace déictique dans la langue mwan. *Mandenkan* 50, 103-116.

YEGBÉ K.A. (2002). *Processes of nominalization in Mwan*. Nairobi : Nairobi Evangelical Graduate School of Theology.

ZOGBÉ DJÈ P. (1998). *Mwa mu 'an 'sɛwɛ-kɔɔ' a daan*. Abidjan : CIL.

De quelques problèmes de traduction des adjectifs relationnels du français vers le wolof : étude sur corpus de terminologie commerciale.

Abibatou Diagne
CRTT, 86, rue Pasteur, 69365 Lyon Cedex 07, France
abibatou.diagne@univ-lyon2.fr

Résumé. La langue française, la langue de spécialité plus spécialement, a souvent recours aux adjectifs relationnels qui constituent des indices de spécialisation. Dans une analyse faite sur un corpus de 90 420 occurrences compilé à partir d'articles de journaux et de mémoire spécialisés dans le commerce, nous avons essayé de constituer un début de corpus de collocations Nom_Adjectif (NN_ADJ), notamment les adjectifs relationnels. L'idée de les traduire vers le wolof, une langue parlée essentiellement au Sénégal dans d'autres pays de sa sous-région, vient d'un intérêt pour la traduction par simplification. Une méthode préconisée pour traduire vers les langues dites africaines. Dans cette optique de recherche, la traduction des patrons syntaxiques NN_ADJ du français vers le wolof, permet une multitude de propositions aussi riches que variées pouvant poser problème dans le cadre du traitement automatique de cette langue.

Abstract. The French language, particularly, French for Specific Purpose, uses a lot relational adjectives. These one indicate a certain degree of specialization. In a corpus analysis of 90420 occurrences gathered from dissertations and news paper related to trade field, we tried to constitute a collocation corpus of nouns and adjectives, particularly relational adjectives. A great interest in the process of 'traduction par simplification' which is a translation method used for so called African languages. In this perspective, we notice different possibilities to translate the French pattern Noun_Adjective into Wolof, a Senegalese language. These possibilities may constitute problems in the framework of machine translation.

Mots-clés : wolof, terminologie commerciale, adjectifs relationnels, corpus, traduction.
Keywords: wolof, commercial terminology, relational adjectives, corpus, translation.

1 Introduction

L'adjectif relationnel à une forte fonction dénominative. Dans les domaines spécialisés, on note alors qu'ils sont très utilisés (Monceaux : 1993). En tant qu'indice de spécialisation, il suscite l'intérêt de bon nombre de linguistes et terminologues, (Daille, 1999), (Maniez, 2009), (Deléger, Cartoni, 2010), (Harastani, Daille, Morin, 2013). La relation entretenue par l'adjectif relationnel avec le nom qu'il qualifie est très étroit. Par rapport aux adjectifs épithètes, il y a un rapport dépendanciel ou constituanciel entre l'adjectif épithète et le nom (Waltereit, 2003). Toutefois, dans le cas des adjectifs relationnels que nous allons étudier, s'il y a une uniformité morphosyntaxique en français, il a des différences de sens qui font qu'en les traduisant vers le wolof, ces différences sémantiques apparaissent d'un point de vue morphosyntaxique, donnant lieux à plusieurs formes de traductions

La linguistique de corpus s'inscrit dans une démarche empirique qui permet de voir de manière concrète certaines considérations ou hypothèses linguistiques. C'est la raison pour laquelle nous avons voulu relever nos exemples à partir d'un corpus compilé relatif au domaine du commerce. Le travail sera organisé de la manière suivante: tout d'abord une partie sera consacrée à des remarques sur la nature de l'adjectif relationnel, ensuite nous relèverons les différents exemples avec leur traduction en wolof et leur retraduction en français de manière glosée. Cette retraduction est pour nous une manière de faire ressortir le trait sémantique saillant que la langue wolof rend.

2 L'adjectifs relationnel : quelques remarques préliminaires

Il y a globalement trois caractéristiques majeures attribuées à l'adjectif relationnel, sa dérivation d'un nom, son caractère non gradable et l'impossibilité de l'utiliser de manière attributive, toutefois (Monceaux, 1993) a montré les limites de ces attributs donnés aux adjectifs relationnels. Des exemples d'adjectifs non dérivés à emploi substantival (Daille, 1999), tels que *agricole* accepte la construction attributive. L'adjectif relationnel, comme mentionné plus haut est également un indicateur de spécialisation. Il a des équivalences de construction de la forme Nom+Préposition+Nom (Exemple : un lieu commercial =un lieu de commerce). Les adjectifs *commercial* et *marchand* pouvant avoir un statut de substantif, dans nos recherches à l'aide de concordancier, il a fallu apporter une correction pour les erreurs d'étiquetage.

3 Corpus et recherche d'adjectifs relationnels

L'usage du corpus dans les études linguistiques s'est développé notamment grâce à l'émergence de la linguistique de corpus. Le précurseur de cette discipline, Sinclair, est issu de l'école contextualiste britannique fortement influencée par Firth. L'idée directrice de cette école se résume à ceci : le sens d'un mot ne peut être saisi hors contexte, de plus la fréquence d'occurrence et l'environnement participent à la détermination de ce sens. L'idée de nombre apparaît et montre une approche statistique que nous avons adoptée pour ce travail. C'est donc une démarche empirique d'observation du mot dans son encrage contextuel qui permet de savoir le contenu sémantique de celui-ci. Sinclair (1991), en fait une application avec les collocations que nous étudions dans ce travail. Une autre raison qui justifie le choix de ce cadre théorique.

A la suite de nos recherches, nous avons relevé généralement trois possibilités de traductions : pour la spécification, c'est à l'aide de syntagme prépositionnel (*ci wàllu*), la deuxième possibilité de traduction relève un trait saillant, le but, et nous avons proposé de le rendre par la formule Préposition +Verbe (PREP+V). La troisième possibilité qui peut être aussi une alternative à la première proposition de traduction est de choisir le substantif duquel est dérivé l'adjectif. Nous avons également relevé que le recours aux subordonnées relatives, explicatives ou expansives, ainsi que d'autres procédés peuvent produire des traductions intéressantes.

Nos résultats sont présentés sous forme de tables détaillant la formule adoptée pour traduire. Il y a d'abord l'extrait de corpus, ensuite la traduction en wolof, puis enfin la forme glosée de cette traduction wolof en français. Les adjectifs choisis sont, comme souligné plus haut, *commercial*, *marchand*, *économique*. A la suite de ses résultats nous présentons nos commentaires et conclusions.

1-1 Le corpus : quelques remarques et recherches effectués

Pour un meilleur aperçu de la constitution du corpus et des exemples que nous allons donner, nous proposons d'établir une table qui donne les pourcentages d'occurrences des exemples. Nous avons pu faire ce travail grâce au logiciel MONOCONC. Un étiquetage en partie du discours a été fait, ce qui a ainsi permis d'éviter des confusions pouvant être faites entre les occurrences en tant qu'adjectif ou en tant que substantif pour *commercial* et *marchand*. L'étiqueteur WINBRILL a été utilisé pour cette tâche. Mais comme avec tous les étiqueteurs, il faut relever des erreurs provenant parfois des ambigüités dans les structures syntaxiques mais aussi des limites propres au logiciel. L'exemple que nous pouvons donner et qui a posé quelques problèmes pour la recherche est l'adjectif *marchand* qui a été étiqueté en tant que nom commun (SBC) pluriel ou singulier. Nous avons dû corriger toutes les erreurs d'étiquetage.

Types de recherche : */SBC* commerci*/ADJ*	Nombre d'occurrences	Pourcentage
activité (s) commerciale (s)	25	26,31%
centre (s) commercial (aux)	9	9,47%
balance commerciale	7	7,36%
échanges commerciaux	5	5,26%
transaction(s) commerciale(s)	4	4,21%
espace(s) commercial (aux)	4	4,20%
directeur(s) commercial (aux)	3	3,15
relation(s) commerciale(s)	3	3,15%
entreprise(s) commerciale(s)	3	3,15%
surface(s) commerciale(s)	2	2,10%
opérations commerciales	2	2,10%
quinzaines commerciales	2	2,10%
objectifs commerciaux	2	2,10%
site commercial	2	2,10%
coopération commerciale	2	2,10%
information(s) commerciale(s)	2	2,10%

TABLE 0 : Recherche sur l'adjectif *commercial* avec le logiciel Monoconc : 97 occurrences

Types de recherche : */SBC* économique*/ADJ*	Nombre d'occurrences	Pourcentage
opérateur(trice s) économique(s)	27	27,13%
acteur(s)	5	5,26%
activité (s) économique (s)	7	7,26%
développement (s) économique (s)	5	5,26%
performance économique	4	4,20%
défis économiques	2	2,10%
secteurs économiques	2	2,10%
crise économique	2	2,10%
environnement économique	2	2,10%

valeur économique	2	2,10%
climat économique	2	2,10%
contexte économique	2	2,10%
relations économiques	2	2,10%
avantage (s) économique (s)	2	2,10%

TABLE 1 : Recherche sur l'adjectif *économique* avec le logiciel Monoconc : 95 occurrences

Types de recherche : */SBC* marchand*/ADJ*	Nombre d'occurrences	Pourcentage
site (web) marchand	6	53,69%
activité (s) marchande (s)	4	23,07
valeur marchande	1	7,69
femmes marchandes	1	7,69

TABLE 2 : Recherche sur l'adjectif *marchand* avec le logiciel Monoconc : 12 occurrences

1-2 Extraits de corpus et propositions de traductions

(0) autorisation	**à**	**exercer**	**leurs**	**activités**	**[[commerciales]]**	**dans**	**les rues**
ndigël	ci	def	seen	yëngu yëngu	ci wàllu njaay	ci	mbedd yi
autorisation/ injonction	à	faire	leurs	activités	dans le domaine de vente	dans	rues les

TABLE 3 : Traduction avec la locution prépositive *ci wàllu* pour l'adjectif *commercial.*

Les exemples qui suivent sont des extraits du corpus

(1) information commerciale

xibaar **ci wàllu** njënd ak njaay

information dans le domaine de achat et vente

(2) besoins commerciaux

li ñu soxla **ci wàllu** njënd ak njaay

ce dont on a besoin dans le domaine de achat et vente

(3) volumes d'échanges commerciaux

daayo weccante **ci wàllu** njënd ak njaay

quantité échange dans le domaine de achat et vente

(4) coopération commerciale

coperacioŋ **ci wàllu** njënd ak njaay

coopération dans le domaine de achat et vente

(5) entreprise (…) commerciale

këru liggéeyukaay bu yëngu **ci wàllu** njënd ak njaay

maison de vente qui bouge dans le domaine de achat et vente

(6 a) Les associations de commerçants ont donné une conférence

Kurél yi yëngu **ci wàllu** njaay amal nanu ab ndajee ak tasskatu xibaar yi

associations les qui évoluent dans commerce ont eu une rencontre avec les propagateurs d'informations

(6 b) afin d'informer sur leur quinzaine commerciale

ngir wax ci seen ñari ayu bës **ci wàllu** njaay

pour parler de leur deux semaines dans le domaine de commerce

(7) car	**toute**	**activité**	**[[marchande]]**	**est**	**rémunérée**
ndax	bépp	yëngu yëngu	ci wàllu njaay	danu kay	fay
car	toute	activité	dans le domaine de la vente	on le	paie

TABLE 4 : Traduction de l'adjectif marchand

Les extraits suivants sont d'autres exemples représentatifs tirés de notre corpus

(8) femmes marchandes

jigéen yu yëngu **ci wàllu** njënd ak njaay

femmes qui évoluent dans le domaine de achat et vente

(9) jeunes marchands

Ndaw yu yëngu **ci wàllu** njënd ak njaay

Jeunes qui évoluent dans le domaine de achat et vente.

A noter que les exemples 8 et 9 peuvent aussi être inclus dans les cas de traduction avec les subordonnées relatives.

(10) aller	**vers**	**une mobilisation**	**des acteurs**	**[[économiques]]**
jëm	ci	boolé	ñi yëngu	ci wàllu kóom
aller	dans	unir	des personnes évoluant	dans domaine de l'économie

TABLE 5 : Traduction de l'adjectif économique

Les extraits suivants sont d'autres exemples représentatifs tirés de notre corpus

(11) association économique

kurel buy yëngu **ci wàllu** kóom kóom

association qui évolue dans le domaine de économie

(12) études économique

caytu **ci wàllu** kóom kóom

études dans le domaine de économie

(13) fluctuations économiques

coppite **ci wàllu** kóom kóom

changement dans le domaine de économie

(14) difficultés économiques

jafe jafe **ci wàllu** kóom kóom

difficultés dans le domaine économique

(15) développement économique

yokkute **ci wàllu** kóom kóom

augmentation/ amélioration dans le domaine de l'économie.

Des exemples de traduction des adjectifs relationnels qui se font selon la formule NN+Syntagme prépositionnel. Lorsque l'adjectif relationnel modifie un nom dont l'objet est le trait saillant, c'est cette forme qui semble la mieux indiquée, la plus naturelle dans le langage courant.

(16) il	**note**	**un**	**manque**	**d'espace**	**[[commercial]]**
setlu	na	benn	ñakkum	bërëp	ngir jaay
remarque	il	un	manque de	lieu	pour vendre

TABLE 6 : Traduction de *commercial*, le but comme trait saillant

Les extraits suivants sont d'autres exemples représentatifs tirés de notre corpus

(17) Avant de concevoir un site marchand il faut d'abord choisir son fournisseur d'accès

Li jiitu defar ab sit **ngir** jaay moy njëk taan ki yombal jotinu internet bi

ce qui vient avant faire un site pour vendre c'est d'abord choisir celui qui facilite l'accès à internet le

(18) centres commerciaux

bërëp/ bitik **ngir** jaay/ bërep**u** njaay

lieu pour vendre/ de vente

(19) gestes commerciaux

jëf **ngir** neexal kiliaan / jëndkaat

action pour faire plaisir acheteur

(20) facilitation commerciale

Yombalin **ngir** jaay/ yombalin**u** njaay

Manière de facilité pour/ de vente

(21) site commercial

sit **ngir** jaay/ sit**u** jaay

site pour vendre / de vente

(22) espaces commerciaux

palaas**u** njaay

lieu de vente

Dans les exemples de la table 6, ainsi que ceux qui suivent une autre manière de traduire l'adjectif relationnelle apparaît. Nous relèverons l'utilisation de la préposition (**ngir** : pour) et du morphème d'appartenance (**u** : de). Ce qui nous amène à penser que lorsque l'adjectif relationnel marque un but, que l'objectif est le caractère le plus en vue ces méthodes de traductions semblent les mieux indiquées. Nos exemples montrent que les noms têtes peuvent référer à des choses concrètes, physiques (lieux), où des abstractions comme c'est le cas de *gestes*, *facilitation*.

En ce qui concerne l'adjectif *économique*, nous n'avons pas relevé dans le corpus une construction qui peut être adoptée selon le paradigme de traduction NN+PREP (pour) ou morphème d'appartenance (u) +NN. Economique dans le sens de ce qui rapporte du profit, est bénéfique, se traduira par *sakkan*, quand il se réfère à l'économie la première formule est pour le moment retenu.

(23) Déterminer	**la**	**valeur [[marchande]] d'un**	**bien**
xayma	Ø	njëgu been	marsandiss
evaluation	Ø	prix d'une	marchandise

TABLE 7a : Autres cas de traductions avec substantifs et recours à des hypéronymes.

(24) L'activité	**[[marchande]]**	**d'un**	**site**	**est**	**la**	**même**	**que**	**celle**	**d'une**	**entreprise**
Njaay		mi	sit	di déf	uttéwul		ak	bu		Këru liggéeyukay
Vente		la	site	fait	n'est pas différent		avec	celle de		maison pour travail

TABLE 7b : Autres cas de traductions avec substantifs et recours à des hypéronymes.

(25) la contre-façon	**mine**	**l'activité [[commerciale]]**	**et**	**il est temps**	**que**	**cette pratique**	**cesse**
forod	dafay yàq	komers/njënd ak njaay	te	jotna		loolu	dak
fraude	gâche	commerce/vente et achat	et	il est temps		ça/cette chose	cesse

TABLE 7c **:** Autres cas de traductions avec substantifs et recours à des hypéronymes.

Les extraits suivants sont d'autres exemples représentatifs tirés de notre corpus

(26) activité marchande

njënd ak njaay

achat et vente

(27) activité économique

kóom kóom

économie

Un recours à un substantif hypéronymique pour *valeur marchande*, à une périphrase pour *marchande* dans *activité marchande*. *Valeur marchande* une expression technique certes, mais qui a comme équivalent *prix*, d'où le choix du mot en wolof.

Les substantifs *commerce*, *komers* et *njënd ak njaay* parfois l'aphérèse *njaay* sont utilisés en association avec d'autres substantifs. Nous parlons ici d'aphérèse, de même que d'apocope, qui mérite une précision quant à sa définition dans le présent article. Nous évoquons l'aphérèse et l'apocope pour parler non pas de la chute d'un phonème ou de plusieurs phonèmes en début ou en fin de mot mais plutôt de la chute d'une des parties d'une locution qui malgré tout ne perd pas son sens premier tout en créant une certaine économie. Dans nos premiers tables (3, 4, 5) nous avions proposé la formule avec le syntagme prépositionnel, mais avec activité, nous avons pu voir qu'à la place, nous pouvons utiliser le substantif de l'adjectif relationnel.

Dans les extraits qui suivent, les adjectifs relationnels sont accolés à des noms de métiers donnant lieux à des tournures périphrastiques expansives et explicatives.

(28) délégué	**[[commercial]]**
ndaw	**bu yengu ci** njënd ak njaay
gamin/représentant/délégué	qui évolue dans achat et vente

TABLE 8 : Traduction avec les subordonnées expansives et explicatives

Voici d'autres exemples tirés du corpus

(29) dessinateur commercial
nataalkat **bu** yengu **ci** njënd ak njaay
dessinateur qui évolue dans le domaine de achat et vente
(30) représentant commercial à l'importation/exportation
ndaw **bu** yengu **ci** njaay diggante réew
gamin/représentant/délégué qui bouge/évolue dans vente entre pays
(31) représentant commercial en services hôteliers
ndaw **bu** yengu **ci** siiwal serwisu otel
gamin/représentant/délégué qui évolue/bouge dans propagande services d'hôtels
(32) opérateur économique
liggéeykat **bu** yengu **ci** kóom kóom
travailleur qui évolue/ bouge dans économie
(33) directeur commercial
njiit **bu** yore **wàllu** njaay ak siiwal
dirigeant qui a la partie de vente et propagande
(34) responsable commercial
liggéeykat **bu** ñu denk **wàllu** njaay ak siiwal
travailleur à qui on a confié la partie vente et propagande.

Les traductions qui contiennent les périphrases, proviennent de l'exigence d'explicitation de concepts. Il ressort alors de ces exemples de traduction un aspect important en terminologie dans l'élaboration de termes adaptés : la saisie plénière du concept avant de pouvoir proposer une dénomination.

Aussi, faut-il souligner la structure fixe dans les cas évoqués de NN (personne) +PR+V. A cette structure s'ajoute une formule déjà vue mais qui apparaît sous une forme apocopée (**ci = ci wàllu**).

2-Conclusions

A la suite de ce qui vient d'être développé, nous pouvons retenir dans les choix de méthodes de traduction proposés pour les adjectifs relationnels du français vers le wolof, trois cas. Dans le premier, nous avons une spécification avec le syntagme prépositionnel. Dans le deuxième, dès lors qu'il apparaît que c'est le but recherché le trait marquant dans la composition NN+ADJ, en wolof, elle est rendue par PREP+V. Le verbe s'insérant dans le cadre de ce but recherché. Les exemples dans le troisième cas peuvent être considérés comme des alternatives du premier cas dans le sens où le choix du substantif pour *activité commerciale, activité économique* et *activité marchande*, se fonde sur le substantif dérivé des adjectifs. Cette tournure est certes plus courte, mais comme nous l'avons déjà souligné, le syntagme prépositionnel (*ci wàllu*) est bien plus utilisé. Dans le dernier cas, ce sont des métiers qui sont accolés aux adjectifs relationnels. Nous avons utilisé des subordonnées relatives qui sont également des périphrases. L'antécédent de la proposition relative dépend de la fonction qu'exerce le travailleur (directeur, responsable). On aboutit donc à différentes catégories grammaticales pour le passage des adjectifs relationnels du français au wolof : des locutions prépositives, (ci wàllu) où des prépositions apparaissent dans une forme apocopée (avec *ci*) ou pour souligner un trait saillant (nguir) ; on a également des noms notamment pour le recours aux substantifs hypéronymiques et enfin les subordonnées relatives aident à une meilleure conceptualisation et à une meilleure appréhension de notions peu ou pas connues.

Les travaux sur la traduction wolof et le traitement automatique de cette langue ne sont pas encore bien développés. On peut toutefois mentionner (Mbodji et N'diaye, 2012), qui ont un projet d'analyseur syntaxique pour le wolof. Nous avons parlé dans cette présentation d'un aspect qu'on n'a sans aucun doute pas épuisé, en ce qui concerne les problèmes que peuvent poser les adjectifs relationnels pour leur traduction du français au wolof. Toutefois, c'est là une difficulté à prendre en compte dans le cas du traitement automatique dont le wolof pourrait faire objet. C'est également un début d'analyse quant aux paramètres à prendre en compte dans le cas spécifique des adjectifs relationnels. Le corpus n'est pas très grand n'empêche, il y a plusieurs propositions, sans doute qu'un corpus spécialisé plus représentatif en terme de taille fournirait des remarques très intéressantes. Par ailleurs, l'étude montre également la pauvreté du développement terminologique du wolof. Un problème non spécifique à cette langue en Afrique et dont (Diki-Kidiri, 2008) a parlé dans une approche culturelle. Il se pose donc avec acuité un problème de créativité terminologique allant dans le même sens que la créativité lexicale comme le suggère (Guilbert, 1965). Le traitement de ce genre de difficultés peut donner des résultats permettant de traiter avec une certaine systématicité ces genres de constructions.

Références

Deléger.L et Cartoni, B., (2010). Adjectifs relationnels et langue de spécialité : vérification d'une hypothèse linguistique en corpus comparable médical. Proceedings of *TALN (Traitement automatique des langues naturelles)*, Montréal.

Diagne, A. (2013). Des enjeux et difficultés de la traduction vers les langues nationales en Afrique : étude et usage de la traduction par simplification du français commercial vers le wolof, Mémoire de Master 2 (LTMT) Université Lyon 2-Lumière.

Diki-Kidiri, M. (2008). *Le vocabulaire scientifique dans les langues africaines. Pour une approche culturelle de la terminologie*, Paris, Karthala.

Firth, J-R. (1957). *Papers in linguistics*, London, Oxford University Press.

Guilbert, L. (1965). *La créativité lexicale*, Paris, Larousse, 361p.

Harastani, R., Daille, B., et Morin, E. (2013). Identification, alignement, et traductions des adjectifs relationnels en corpus comparables. In Actes de la 20e conférence sur le Traitement Automatique des Langues Naturelles (TALN): pp. 313-326.

Mbodji. C et N'diaye.M. (2012). Vers un analyseur syntaxique du wolof, in : *JET-TALN-RECITAL*, p75-84.

Maniez, François (2001). Extraction d'une phraséologie bilingue en langue de spécialité : corpus parallèles et corpus comparables *Meta, 46-2, pp. 552-563.*

Monceaux, A., (1993). La formation des noms composés de structure NOM ADJECTIF, Thèse de doctorat en linguistique théorique et formelle, Université Marne La Vallée.

Sinclair, J., (1991). *Corpus, Concordance, Collocation*, London: Oxford University press.

Waltereit, R., (2003). Le rapport dépendanciel entre adjectif et nom : données syntaxiques et structures conceptuelles », *Syntaxe et sémantique* 1/ 2003 (N° 4) , p. 179-194.

AUTHOR INDEX

Association for Computational Linguistics
209 N. Eighth Street
Stroudsburg, Pennsylvania 18360

proceedings.com